JN235836

子どもを生きればおとなになれる

〈インナーアダルト〉の育て方

クラウディア・ブラック 著
水澤都加佐 監訳／武田悠子 訳

Changing Course

Healing from Loss, Abandonment, and Fear

First Edition
published by MAC Publishing,1993

Second Edition
published by MAC Publishing,1999

© 1993,1999 by Claudia Black

監訳者によるまえがき

インナーチャイルドとインナーアダルト

本書のタイトルを見て首を傾げた方もいらっしゃると思います。

おとな向けの本なのに、「おとなになれる」とは、どういう意味だろう？

「子どもを生きる」とは、何のことだろう？

本書はアダルト・チャイルド（ＡＣ）概念の生みの親、クラウディア・ブラックによる『Changing Course』の邦訳です。直訳すれば「生き方のコースを変える」といったところでしょうが、一読して新鮮だったのは「インナーチャイルド」と並ぶ「インナーアダルト」というキーワードでした。

機能不全家族で育ったＡＣの多くは、一見すると立派なおとなとして社会に適応していても、実はおとなになりきれていない部分を抱えています。ただしそれは、「子どもっぽい」という意味とはまったく違います。むしろ人並み以上に社会的責任を背負いこんでいることも多いのです。けれども、おとなとして自分自身の面倒をみて、自分を幸福にする責任を負うことができない……なぜでしょう。

ACは、きちんと「子どもを生きる」ことができなかったのです。

愛され関心を注いでもらいながら、自分の感情をありのまま受けとめ、自分に必要なことを周囲に要求する、という練習が、子ども時代にできませんでした。ごく小さい頃から手探り状態で、しっかりしたおとなのように振る舞わなければならなかったのです。そのために、自分の感情、自分の望みを、引き出し深くしまいこんでしまいました。

ですから、自分というものがつかめません。おとなになっても、手探りのまま必死に生きています。自分はこれでいいのだろうか、こう感じるのは正しいのだろうか、自分の居場所はここにあるのだろうか、自分の価値を認めてもらえるのだろうかと、絶えず気にしながら……。

「インナーチャイルド」、つまり心の中にいる子どもの自分と出会うことは、生き生きした自由な自分と出会うことでもあります。けれどその前に、本来の子どもの姿を覆い隠している、傷ついた子どもに向き合うことが必要です。クラウディアは、そのプロセスをていねいに語っています。

その次にくるのが、「インナーアダルト」を育てる作業です。インナーアダルトとは、自分の中にあって自分を支えてくれる存在であり、大切な5つの力からなっています。私自身、AC

の方々の相談を受けていて、インナーアダルトの概念がとても役立つことを実感しています。「もっとおとなにならなければ」と焦りながら、どうしていいのかわからなかった人が、「自分の中におとなの自分を育てる」というイメージをつかんだとたん、前に進み始めるのです。

子ども時代の痛みについて、あなたには何の責任もありません。子どもは自分が育つ環境を選ぶことはできないし、その中であなたは精一杯やってきたのです。

けれど今、その痛みをどうするかは、あなたにかかっています。

痛みを癒し、過去から抜け出すことを選択できるのです。そして新しい人間関係を育てていくことができます。その方法を深い共感とともに説き明かした本書は、ＡＣにとってのテキスト決定版といえるでしょう。

二〇〇三年七月
水澤都加佐

子どもを生きれば　おとなになれる

「インナーアダルト」の育て方

もくじ

インナーチャイルドとインナーアダルト

1章　過去の痛みの正体を知る　13

〈子ども時代の痛みを、「喪失」「見捨てられ体験」として見直す〉

４章　インナーアダルトを育てる　115

〈自分を支える５つの力を手にする。それはあなたを守り、輝かせてくれる〉

装　丁　河西　亮
カバー絵　SATOKO OUCHI

1章 過去の痛みの正体を知る

子ども時代の痛みを、「喪失」「見捨てられ体験」として見直す

子どもは、大地が好きです。地べたにぺたりと座ったり、丘からごろごろ転がってみたりします。風や空や、動物たちや木々とのつながりを感じています。子どもは、この世界が自分の友だちだと信じています。常に移りゆく景色への好奇心と感受性とに満ちています。子どもは、「今」に生きているのです。

このように純粋で、周囲の世界ときずなで結ばれた子どもは、年齢を重ねた今も私たちの中に生きています。それが内なる子ども＝**インナーチャイルド**の本来の姿。直観力にあふれ、自発性に満ち、生命力のかたまりのような存在です。

けれど私たちが成長する途上で、この自然な子どもと引き離されてしまうような出来事が起こりました。自然な子どもは「傷ついた子ども」の奥に隠れて、姿が見えなくなったのです。さらにその子どもはこれ以上傷つかないように力をふりしぼって、「コントロールする子ども」を身にまとうことになりました。つまり、感じないふりをしたり、自分の気持ちを抑えたり、誰にも助けを求めず自分だけで何とかしようとする子どもです。こうして私たちは小さい頃から、心を閉ざして自分を守ることを覚えました。その代わり、生き生きした感情を持った自分、遊ぶことが大好きだった自分、創造力に満ちた自分をどこかへ置き忘れてしまいました。ＡＣ（アダルト・チャイルド）とは、子ども時代の痛みを抱えたまま、おとなになった人のことなのです。

私たちは、子どもを生きることができませんでした。インナーチャイルドに何が起こったのでしょうか？……この章では、過去の痛みの正体を明らかにしていきます。

何を喪失したのかがわからない

私たちACは、心の中に慢性的な喪失を抱えています。けれど、自分が何を失ったのか、はっきり気づいていません。そこにあるのは漠然としたむなしさ、何かが足りないという感じ、今の自分ではだめなのではないかという不安です。

この漠然とした喪失感を何か別のものや人で埋めようとしたり、必死で大丈夫なふりをしてみても、むなしさは消えません。私たちに必要なのは、自分が何を失ったのか、その正体を明るい日の光のもとで確認してみることです。そしてそれをきちんと言葉にすることです。

喪失を明らかにする作業に入る前に、知っておくべきことがあります。どうしてこんなに長い間、自分が抱えている喪失の正体がわからずにいたのか……その理由です。

私たちが育った環境は、とてもさまざまです。親の依存症や浮気、家族間の激しいいさかいの中で混沌とした子ども時代を過ごした人もいます。ろくに世話してもらえずに育った人もいれば、身体的虐待や性的虐待を受けて育った人もいます。きょうだいを早く亡くして、死への怖れや、家中を覆う悲しみの中で育った人もいます。人に言えない秘密を抱えた家に育った人もいます。息が詰まるほどの厳格さに支配された家庭に育った人もいます。

どの人の子ども時代にも共通するものがあります。その環境を支配する土台となっていたもの、それは「否認」「孤立」「硬直性」「シェイム」。これが真実を見えなくしていたのです。

否認

否認というのは防衛のメカニズムで、心の痛みから自分を守るための自然な反応です。衝撃に耐えられないと感じたり、起こったことが恥ずかしくてたまらないとき、人はしばしば否認という手段に頼ります。否認が存在するとき、人はそのことへの感情を大したものでないかのように扱ったり、切り捨てたり、理屈をつけたりします。

否認のもとで育つということは、「**話すな**」「**感じるな**」「**信頼するな**」というルールを教えこまれることです。私たちは子ども時代に、本当のことを口にするのはまずいと学び、実際とは違うふりをすることを身につけたのです。自分が見たり聞いたりしたことを否定され、無視されたかもしれないし、思ったままを口にしたら罰を受ける怖れがあったかもしれません。話したってどうせいいことはないと絶望していたかもしれません。あるいは、真実を口に出したら大事な人を裏切る結果になると信じていたかもしれません。

こうしたルールのもとで育てられた子どもは、話せば聞いてもらえるという信頼感を培うことができません。第一、私たちの多くは、そもそも何を言えばいいのかさえわからなかったのです。周囲の人たちがなぜそんな振る舞いをするのか理解できなかったし、本当は何が起こっているのか知ることもできなかったし、それを表わす言葉も持っていませんでした。かろうじてわかっていたものといえば自分の感情ですが、その感情が告げていたのは、自分はどうも話してはいけないらしい、ということなのです。

否認のもとで育ったということは、今も否認におちいりやすいということ――それも無意識のうちに。私たちは自分が感じたことや受けとった物事を、大したことではないと考えてしまいます。自分で自分を傷つけるような行動に、何かの理屈をつけます。今も私たちは、自分は怒っていないし、がっかりしてなんていないし、傷ついてもいないと言い張って、本当の気持ちを隠しているかもしれません。実は大事なことなのに、こんなことぐらい、と自分に言い聞かせてしまうのです。実際にはしょっちゅう起こっているのに、たまにつらい思いをするぐらい我慢しなければ、と自分を諭してしまうのです。

私たちは真実を語っていません。何年もの間、感情を切り捨てたり、大したことはないふりをしたり、理屈をつけたりすることばかり学んできたので、おとなになってもそれがふつうのことになってしまっているのです。

あなたが育った家庭のことをじっくり振り返って、どんなことなら抵抗なく口にできたか、リストをつくってみてください。オープンに話すのがためらわれたことのリストもつくってみましょう。

孤立

私たちが情緒的な孤立の中で生きることを身につけてしまったのは、本当のことを話せなかったためです。

十三歳のシェリーという女の子は、それをありありと絵に描いてみせました。家の様子を描いてと言ったところ、彼女が描いたのは子ども部屋と居間の絵でした。居間には両親が激しく言い争う姿が描かれ、そこから子ども部屋に向かって足跡が続いていて、そこを見るとシェリーと二人の姉妹がまるでお互いから身を隠すようにして、部屋の隅にあるそれぞれのベッドの陰に縮こまっているのです。危機のさなかでも、この三人は、一緒になって団結することができず、お互いを支えることができなかったのです。

家庭内での情緒的孤立は、家の外でも孤立をもたらすことが多いものです。私たちは自分の痛みや家族の痛みを他人に知られまいとします。もし他の人が知ったらどんな反応をするかが不安なのです。そしておとなになってもぽつんと一人でいたり、あるいは本当の感情や考えを隠したまま熱心に人づきあいをしたりします。「**話すな**」「**感じるな**」「**信頼するな**」のルールが私たちを孤立させるため、一見社交的にふるまっていたとしても、それは表面的なものに過ぎないのです。

あなたが他の家族に対して感じていた親しさや、あるいは距離感を、絵に描いて表わしてみましょう。

硬直性

厳しすぎる家庭では、親たちはしばしば独善的で硬直的な考え方をします。「物事は常にこうあるべきで、例外などない」というわけです。権威に歯向かうことは決して許されず、子どもは親の意見や考えに黙って従わされているだけなのです。家庭での決まりごとも、子どもに課される役目も正当性を欠いていて、親は子どもにあまりに非現実的な期待をします。

子どもが健康に育つためには、「ほどほどの秩序」と「ほどほどのいい加減さ」が必要です。

毎日が危機の連続であるかのような混沌とした家庭には「ほどほどの秩序」が存在しません。逆に厳格すぎる家庭では、「ほどほどのいい加減さ」が失われ、○○すべきという硬直的なルールが支配しているのです。

けれど硬直性は、厳格な家庭だけにあるのではありません。何らかの問題を抱えたあらゆる家庭に共通のものです。たとえば家族の誰かが飲酒やギャンブルなどの問題を抱えていると、他の誰かがその問題を何とかしようとして、硬直的なルールをつくり出します。「問題を外に漏らしてはいけない」というルールかもしれないし、「常に努力して正しくあるべきで、問題を起こす人は間違っている」という考え方かもしれません。あるいは、家族全員が父親を怒らせないように神経を研ぎ澄ますという暗黙のルールができあがる場合もあります。混沌とした家庭でも、子どもの心の中には、「どうせ誰もわかってくれない」「がまんするしかない」といった硬直的なルールがつくられます。

硬直したルールのもとでは、自分からすすんで考えたり行動したりすることが許されず、自分なりの価値観を育てることも難しくなります。そこには「**話すな**」に加えて「**質問するな**」「**考えるな**」のルールがあるのです。

そして、おとなになっても融通のきかない考え方をすることが多くなります。他の選択肢が思いつかず、これしかないと信じこんでしまうのです。

あなたが硬直的なルールのもとで育っていたら、それはどんなルールか、自分にどんな影響を及ぼしてきたかを書き出してみましょう。

シェイム（自己否定感・恥辱感）

シェイムとは、自分はもともとどこか間違っているんだと信じこんでしまう、痛みに満ちた感情です。自分自身や自分の一部が欠陥品で、できそこないだと思いこんでしまうのです。

こうした自己否定感や恥辱感の中で生きるということは、自分を人からかえりみられない存在だとみなすことであり、仲間に入れてもらう資格がないと感じることです。そうやって私たちは、自分が一人ぼっちで、人とは違っていて、愛される価値がないと信じこんでしまうのです。そして心の中で、自分が悪いんだと思っています。どんな至らぬところも、すべて自分のせいだというわけです。

この感情の根っこを探っていくと、たいていの場合、そこには親から拒絶された体験があるはずです。「こっちへ来るな」「そんなダメな子はうちの子じゃない」とあからさまに拒絶された人もいるでしょうし、親の忙しそうな背中や、悲しそうな態度によって拒絶されていることを感じとった人もいるでしょう。何かを話そうとしても関心のない態度を示されたり、必要なときに助けてもらえない、といった体験も拒絶となります。親がそのつもりであろうとなかろうと、子どもは自分の価値や見たこと聞いたことを確認できず、無視されていると感じ、大事にされていないと受けとるのです。これが自己否定感の根っことなります。

とはいえ人は、自分の傷を小さく見なしがちなものです。

「私なんて大して傷ついたわけじゃない。もっとひどい思いをしてきた人だっている」

確かにいつだって、もっとつらい思いをした人や、自分よりさらに苦しんで生きている人はいるでしょう。でも、誰かの不幸があなたの喪失を帳消しにしてくれるわけではないのです。あなたの痛みは、あなた自身のものなのですから。「これだけの量の苦しみを経験しなければ、癒しの許可証が得られない」なんていうことはありません。

あなたが痛みを感じているなら、あなたは癒されるに値します。癒されるためには、自分の喪失にきちんと目を向けることが必要です。

失ったものの正体

すでに、いくつかの喪失が見えてきました。否認は、率直さや正直さの喪失です。孤立は、情緒的なつながりの喪失であり、信頼感の喪失です。硬直性は、柔軟で自発的な選択肢の喪失です。シェイムは、自己価値の喪失です。

どんな人でも時には、拒絶されたり孤独を味わったりします。自分の価値を疑うこともあります。けれど子どもが、こうした体験に深刻なレベルでさらされたら、自分を打ちのめすような慢性的な喪失感を長く引きずることになります。

必要な喪失と、そうでないもの

人生に喪失はつきものです。この世に生まれたときから、父や母のもとから離れていく旅が始まるのですから。人が喪失を体験するのは自然なことであり、必然的で避けがたいものです。それと引き換えに、私たちは強さや健全さを育てていくことができるのです。

子どもが学校に入るとき、それまで親にずっと守られていた環境から踏み出して、ある程度の安全を失うという自然な喪失を体験します。新しい土地や新しい家に引っ越すときにも、喪失感を味わいます。大好きなおじいちゃんやおばあちゃんが亡くなる、信頼していた先生が学校を去る、大切にしていたおもちゃが壊れる、かわいがっていたペットの死……いずれも自然な喪失です。

けれどいかにつらくても、お父さんやお母さんの腕に抱かれていれば痛みは薄らぎます。それなのに問題を抱えた家族では、子どもはこうした支えが得られなかったり、感情を表わすことを禁じられたりするのです。泣くのはダメ、「子どもみたいに」ふるまってはいけないと言い聞かされることだってあります。また、きょうだいの死といった喪失体験の場合、親の側には遺された子どもを支える余裕がない場合がほとんどです。また、親の行動が喪失をつくりだすこともあります。たとえば子どもがかわいがっている猫を捨ててしまい、もう片方の親はそれを見ないふりしたり、あるいは全くなかったことにしたりするのです。

子どもが自然な喪失を経験し、親からのサポートがもらえたときは、悲しいけれど同時に、愛されて、安全であることを感じます。サポートが得られないとき、子どもは悲しみを感じると同時に、愛されていないと感じ、見捨てられていると感じるのです。つまり、不必要な喪失を生み出す体験は「見捨てられ体験」と言い換えることもできます。

子どもが「見捨てられる」ということ

子どもというのは「権利の目録」を手にしてこの世に生まれてきます。それは次のような権利です。

・誰かの期待通りの存在だからではなく、ただありのままの自分として大切にされる
・親の喪失を埋め合わせるための存在ではなく、その子自身として慈しんで育てられる
・一貫性と、安全と、暖かさと、理解を与えられ、無条件に愛される
・ひどく傷つくような状況から守られる

こうした基本的な権利を奪われているということは、つまり見捨てられているということです。私たちはときに否認の力を発揮して、見捨てられた体験などなかったことにします。「私はちゃんと面倒をみてもらっていたわ。ママもパパもあまりうちにいなかったかもしれないけど、お姉さんがいたもの」。たしかに、上の子が下の子を守ろうとする勇敢さと努力には目を見張るものがありますが、九歳なり十二歳なり十五歳なりの兄や姉がいかにしっかりしていても、彼らは結局、九歳や十二歳や十五歳に過ぎないのです。子どもには、おとなの監督と保護が必要です。

身体的にも情緒的にも、安全で、守られていて、安心できると感じられない状態におかれるのは、子どもにとってもっとも大きな喪失となります。情緒的に見捨てられた子どもも、身体的に見捨てられた子どもも、よく似たメッセージを受けとります。それは「おまえには価値がない、おまえなんか必要じゃない、じゃまなんだ」というものです。

家族の中で見捨てられによる喪失を体験することは、トラウマを引き起こします。それによっ

て、自分自身やこの世界が「いいものだ」と感じる力が著しく損なわれてしまうのです。

身体的な見捨てられ体験

身体的に見捨てられた状態とは、次のようなことが起こっている場合をさします。

・適切な生活面の指導が得られない。
・適切な栄養や食事が与えられない。
・適切な衣類や、住環境、暖かさ、安全な場が与えられない。身体的または性的な虐待が行なわれている。

子どもが安全な環境を得られるかどうかは、ひとえに養育者にかかっています。それが得られないとき子どもは、「この世界は安全な場所ではなく、人々は信じられず、自分は関心を注がれたり世話をしてもらうのに値しない存在だ」と信じこんで育つのです。

情緒的な見捨てられ体験

情緒的な見捨てられ体験は身体的な見捨てられ体験よりも多くの人が経験しているもので、

かつたいていの場合は巧妙な形で隠されているため、それがどんなものかを理解するには次の説明が役立つでしょう。見捨てられ体験とは要するに次の二つのことなのです。

❶親（あるいは主たる養育者）が子どもの感情やニーズ（必要とするもの、要求）に無関心だったり、情緒的に不在の状態が続く。だから子どもは適切に感情を感じたり表現することができない。いつも他の誰かのニーズが優先で、子どもが唯一関心を持ってもらえるのは、他の誰かのニーズを満たしてあげるときだけ。

❷子どもが受け入れてもらうために（あるいは拒絶されないために）、本当の自分を一部隠さなければならない。たとえば次のような状況でそれが起こる。

・この家では、間違うことは許されない。

・感情を表わすことを認められなかったり、あなたの感じ方はよくないと言われる。「泣くようなことじゃないでしょう。そうやっていつまでも泣きやまないと、本当に泣くしかないような罰をあげることになるよ」「ちっとも悲しくなるようなことじゃないだろう」「そんなことぐらいで怒ることないのに」といった具合に。親がたまたまイライラしていたなら別だが、家族の状況が常に子どもの感情を軽視しているとしたら、それは情緒的な見捨てられ体験となる。

・あなたが何かを要求することは、わがままだとみなされる。
・子どもの言い分を親が信じなかったり、とりあおうとしない。
・成功を認めてもらえない。何かを達成しても気づいてもらえなかったり、大したことでないとみなされたり、からかいのタネにされることさえある。
・年齢にふさわしくないレベルの要求を突きつけられる。たとえば八歳の子どもに歯医者の予約を忘れないようにしなさいとか、十二歳の子どもに一日中赤ん坊の面倒をみなさいと言うなど。
・子どもは具体的な行動に関して叱られるというよりも、存在そのものを否定されたり存在意義を否定される。たとえば宿題をやらなかったときに「おまえなんかクズだ」と言われてしまう。

喪失は必ずしも、実際に起きたことが原因ではありません。起こらなかったことからきている喪失もあります。

たとえば必要なときにかまってもらえなかったこと。親から「愛している」「あなたは何より大切」と言ってもらえなかったこと。さらに、親がまるでこっちを向いてくれないために話せなかったこと、一緒に遊べなかったことも、見捨てられによる喪失を引き起こします。言葉をかけてもらうことや、共に時間を過ごすことは、あらゆる子どもが育つ上で欠かせないものです。そのことによって、子どもは自分に価値があるとわかるのですから。

あなたが子ども時代に体験した、身体的、あるいは情緒的な見捨てられ体験を書き出してみましょう。

境界の混乱

境界とは、自分が他の人とは別の独立した存在であることを保証するものです。私たちの育った家庭では、多くの場合、境界のゆがみや混乱が起こっていたり、はっきりした境界が存在しませんでした。それは見捨てられ体験を引き起こすもとになります。

境界の混乱は、たとえば次のような形で現われます。

親が子どもを仲間として扱う

親が子どもと、まるで友人や仲間であるかのような関係をつくることがよくあります。子どもを自分の同盟相手とみなすということは、親子の境界が存在しないということです。そして子どもの年齢にふさわしくないことまで知らせてしまうのです。

不適切な情報を与えられた子どもは重荷に感じ、罪悪感さえ味わうこともあります。これはフェアではありません。十歳の娘にあなたのお父さんは浮気したのよと話すことは、子どもの安全を損ないます。母親はそのことを誰かに話す必要があるかもしれませんが、その相手はおとなとしての能力があって適切なサポートや助言ができる人であるべきです。八歳の息子に職場でのポストを失う不安について話すことは、親は弱すぎて子どもの自分を守れないと思わせるだけです。

親が子どもに責任を負わせようとする

親が自分の感情や考えや行動に責任を持たず、子どもにその責任を負わせようとすることがあります。これは親子の境界がねじれた状態です。

たとえば、結婚がダメになったのは子どもが悪い子だったせいだと言ったり、子どものせいでストレスがたまるから酒やドラッグが必要なんだと言うのは、子どもの責任ではないことを子どもに負わせ、不可能なことをやらせようとすることです。

実際こうした親は、子どもが実際に持っている以上の力を持っているかのように言い聞かせ、子どもを無謀な努力と、力不足に打ちのめされる体験へと駆り立てるのです。

親のニーズが子どもより優先となる

親が自分のニーズを満たすために子どもを利用するとき、子どもの境界への侵入が起こっています。ヘンリはこう話します。

「私は子どものとき、学校の成績はよかったし、運動もできました。みんなのリーダーで、地元の新聞にしょっちゅう写真も載っていた。父は私の出る行事にやってきては、私のことを大げさにほめそやしたものですよ。うぬぼれた態度で、自分があの息子の父親なんだとみんなに知ってもらおうとしていた。でも家にいるときは、父はまったく私に関心を示さなかったんです。野球の試合から戻ると、父はもうベッドに入っていました。一度も、おまえを誇りに思うとは言ってくれなかった。たったの一度だって、おめでとうとも言わなかったし、背中をたたいて励ましてくれたこともなかった」

問題は、ヘンリが父親の自尊心を満たすための道具に過ぎず、利用価値のあるときだけしか存在を認めてもらえなかったということです。

親が子どもに自分と同じでいるよう求める

親が子どもを、自分とは別の独立した存在として見ることができないというのは、つまり子どもの境界を認めないということになります。親と同じものを好み、同じような服装をし、同じように感じろというわけです。

これは特に十代の子どもにとってはつらいことです。その年代には、自分自身を見つけるための手段として、親とは別の行動をとろうとするものですから。けれどこれを思春期にはよくあることだと理解できずに、親の生き方や価値観への面と向かっての侮辱や挑戦と受けとる親がいるのです。そんなとき、子どもがどんな形であれ親と違った考え方や行動をとると、あえて親に拒絶される危険をおかすことになるのです。

親が子どもを自分の延長とみなす

親が子どもに対して、自分が果たせなかった夢をかなえてほしいと望むことは、子ども自身の境界を認めず、子どもを自分の人生の延長とみなすことです。

かつて行きたかったけれど行かれなかったからという理由で親が決めた学校に通った人は、どれぐらいいるでしょう？　親が選んだ職業についた人は、どれぐらいいるでしょう？　親の望む相手と、親が望む時期に結婚した人はどれぐらいいるでしょう？

私は決して、親の期待や要望や要求にそった行動が間違っていると言っているわけではありません。ただ、それがまったく私たち自身の選択ではないことがいかに多いかを指摘しているのです。結果はともかく、間違っているのは決め方なのです。

一方、親の望みとは逆のことをする人もたくさんいます。たとえば母親が憧れている大学にだけは行かなかったり、単に大学に行かないことを選ぶ人もいます。親が絶対好きになりそうにない相手と結婚する人もいます。その場合もやはり、結果ではなく決め方が問題です。自分の自由な選択ではなく、親に対する怒りによって決めているかもしれないからです。

あなたが子ども時代に体験した、境界の混乱を書き出してみましょう。

境界があるかどうかで体験の意味が違う

親が子どもの境界を尊重せず、境界に侵入するとき、子どもには一人の人間としての価値がないというメッセージを与えていることになります。親が子どもの境界を認めないということは、「あなたは親である私のニーズを満たすためにここにいる」「あなたより親の私が優先だ」

あるいは「あなたが自分なりの感情や、ニーズを感じるのはよくないこと」というメッセージを与えているのと同じです。そしてそこには、他人の求めに応じて自分を放棄せよという意味も含まれているのです。

すると子どもの中でこんな信念が形づくられます。「人とは別のニーズや感情をいだいてしまう私はいけないいんだ」「ありのままの私には、価値がない」。

同じような場面を体験をしても、子どもの中にしっかりした境界がつくられていれば、体験の意味はまったく違ってきます。つまり、誰が何に責任を負うのかが区別できれば、自分を傷つけるメッセージを信じこむかわりに、拒否することができるのです。

境界があれば、自己否定感の攻撃を受けずにすむ

次に登場する若い女性、サンディは、アルコール依存症の親のもとで育ったものの、幼い頃の数年はある程度安定した暮らしを経験しています。そのため、自分の中に健康な境界を築けていました。

「私が八歳になるまで、家の中はうまくいっていたんです。私は大事にされていると感じていたし、毎日が楽しかった。それがまるで一夜にして変わってしまったみたいに、父は怒ってばかりいるようになりました。母は父の酒のことばかり心配して、心ここにあらず。父も母も、

もう子どものことなどどうでもいいみたいでした」

十六歳のある夜、彼女はチアリーダーとしてバスケットの試合を応援していたのですが、そこへ酔っぱらった父親が千鳥足で姿を現わして、アフリカ系アメリカ人のティーンエージャーたちに向かって人種偏見の悪口を叫び始めました。

「今まで父からも、誰からも聞いたことのないような、ひどい言葉だったんです。放っておいたら父があの子たちから袋叩きにされるだけじゃなく、人種暴動にもなりかねないと怖くなりました。だから私は、とにかく父を外に連れ出して仲間の車に押しこんで、帰らせました。父がどうしてあんなことしたのかわからなかった。すごく頭にきてました」

サンディは健康な境界を持っていたからこそ、父親の行動に怒りを感じることができたし、有効な対処ができたのです。彼女は「私がおかしいんだ」という自己否定感を取りこんではいなかったので、体育館で起こったことは父親の問題であり、彼女の問題ではないという明確な区別ができました。この事件を彼女自身の存在価値に関わるものとは受けとらなかったから、自分自身の感情をキャッチすることもできました。強い自己否定感に襲われると、私たちは他の感情に気づくことができなくなるのです。もしも境界がなければ、サンディはその場に居たたまれず姿を消し、チアリーダーもやめてしまったかもしれません。

サンディは、怒りを感じ、それから悲しくなったと話します。彼女は自分の怖れを言葉にすることもできました。この場面で起きたことは父親からの見捨てられ体験には違いありませんが、それでも彼女は自分の価値と自立とを守ったのです。

境界がないと、見捨てられ体験は決定的な痛みを生む

一方、リンダの場合、彼女が生まれたときにはすでに家族はめちゃくちゃで、不安な毎日を送っていました。彼女の最初の記憶は、両親が言い争いをしているのを聞きながら台所のテーブルの陰に隠れて、「どうか見つかりませんように」と心の中でつぶやいていたことです。彼女はしじゅう、自分の気配を消そうとしていました。

「私の家族には争いのタネがあふれていて、不幸ばかりで、それに何度もあちこちに引っ越していました。私は四人きょうだいの末っ子で、間違って妊娠して生まれた子だったんです。私がとても小さな頃から、母は私に、子どもは三人でたくさんだった、四人もいらなかったのにと話して聞かせました。私は自分を傷つける言葉と視線を浴び続けて、身を守るための盾が必要な気分でした」

リンダのように子ども時代を生きのびるだけで必死だったとしたら、自主性や、他人とは別の自分という感覚を育てる余力はほとんど残されていません。リンダはいつも見捨てられていて、感情の境界の侵害にさらされ、その結果「私はいてはいけない存在だ」という恥に満ちた

自己否定感を体験し、それを心に焼きつけたのです。

子どもはもともと、親が間違っているとか、親の行動は正しくないといったようには考えないものです。子どもは、自分にとってどうしても必要な存在である親を拒否することはできないのです。その代わり子どもは、自分が間違っていて、悪いんだという重荷を背負いこみます。そうすることで、親の誤った行動をなかったことにし、少しでも安全を感じようとするのです。その奥で本当は何が起こっているかといえば、外側の安全と引き換えに、心を危険にさらしているのです。

自分の価値を育てていくはずの時期に、見捨てられ体験にさらされ、しかもその子が自分の中に境界を確立するチャンスがなければ、見捨てられたことがすなわち「自分に価値がない」と言い聞かされることと同じになるのです。それは自己否定感と、怖れをつくり出します。この事実は、何度も確認しておく必要があります。なぜならそれが私たちの痛みの根っことなっているからです。

私たちが今、知っておかなければならないのは、見捨てられ体験も境界の侵害も、決して私たちの欠点が原因ではないし私たちが無価値だからでもないということです。そうではなく、私たちを傷つけた人の間違った考え方や、誤った信念、不健康な行動がそこに現われているのです。それでも、その傷は子どもの心と思考に深く刻まれて、私たちは今もその痛みを感じています。癒されるためには、心が傷ついた原因を理解し、受け入れることが必要です。それをしない限り、痛みは去らず、おとなになってからの人生を引きずりまわすものとなるのです。

喪失が与える影響

40ページの図は、慢性的喪失がつくり出されるしくみを説明したものです。喪失体験のうち、あるものは他のものよりも強く否定的な力を及ぼします。同じような体験でも、それが私たちにどのように影響し、どのぐらい深刻に影響するかも、次のような要因で違ってきます。

・それが起こった年齢による違い。年齢が小さいほど、傷つけられやすい。
・不名誉な評判がともなうかどうかの違い。社会から否定的な目で見られやすい体験は、より重大な影響を感情にもたらす。たとえば、仕事中毒の家庭よりも、子どもに暴力をふるう家庭に育つことは不名誉とみなされやすい。
・外部のサポートが存在するかどうかの違い。祖父母など親戚とのつながり、友人の家族とのつながり、学校での課外活動など、家庭の外で子どもの自己否定感を軽減してくれるような人間関係や活動に出会えるかどうか。
・喪失が積み重なることによる影響。たとえば、親が依存症でしかも子どもを殴る場合、どちらかひとつのときに比べてトラウマは深刻になる。

ここまで読んできて、たぶんあなたは「確かにそうだけれど、でも……」とつぶやき始めているのではないでしょうか。「でも、父は悪いところばかりじゃなかった。親として、いいところだってあった」「でも、母が教えてくれたことだってあるし……」というぐあいに。

成長の時期にどんな喪失や痛みを経験していても、同時に親から与えられたものだってあるでしょう。それは大切にすべき贈り物です。

また、子ども時代の生活の中で次に何が起きるかを少しでも予測しようとし、痛みから身を守ろうとしてきたことで、私たちは物事に対処していく術をみがき、それは豊かな資質にもなってきたのです。人生に痛みをもたらす出来事が起こったからといって、私たちが親から与えられた贈り物や、自分自身で身につけてきた強さは少しも損なわれることはありません。

とはいえ、自分の強さを強調しようとするあまり、痛みを大したものではないように扱って「**話すな**」のルールをよみがえらせることがないよう、注意が必要です。自分の中の喪失を認め、痛みとまっすぐ向き合うことをしない限り、それが引き起こす感情は、しばしば水面下で、お

慢性的な喪失はどのようにしてつくられるか

〈子どもにとっての痛みの体験〉

喪失の出来事が起こる／喪失の状況が存在する

↓

子どもが喪失の痛みを感じる

↓

家族が子どもの痛みを

受けとめる	放っておく
↓	↓
子どもはこう感じる 心地よい　面倒をみてもらえる 感じることを許されている 喪失が起こったと確認できる 痛みは尊重されている	子どもはこう感じる ひとりぼっち　無視されている 自分は変だ　責められている 喪失はなかったことにされる 痛みは切り捨てられる
↓	↓
痛みを感じ、そして癒される	喪失の痛みに、 見捨てられた痛みが加わる
↓	↓
すると子どもは…… **感情** 安心　守られている 愛されている 人とつながっている **信念** これでいい 自分には価値がある 自分は愛される存在 罪悪感にとらわれない **行動** 自分をそのまま受けとめ、 率直に表現する 防衛したり、人をコントロールする必要がない	すると子どもは…… **感情** 恐れ　守ってもらえない 愛されていない 孤立、ひとりぼっち **信念** 自分はどこか変だ 自分には価値がない 自分は愛されない存在 自分は間違っている **行動** ありのままの自分を隠し、 自分を防衛しようとする よく見せよう、愛されようとする 家族をとりもとうと懸命になる
↓	↓
子どもにとっての家族という場： のびのび育つことができる 自分の成長を感じる 境界がつくられ、それが守られる	子どもにとっての家族という場： 生きのびるために必死になる 自分の成長を感じられない 境界があいまいで侵入が起きている

となとしての私たちに影響を及ぼし続けます。

コースを変える

私たちはおとなになっても、かつてのルールを自分に課しています。自分の感覚を信じず、裏切られないようにと身構え、口を閉ざしてこらえているのです。古いルールに従うだけの生き方を、自由に語り、信じ、感じる生き方へと変えるには、どうしたらいいのでしょう？

世代をこえて引き継がれてきたルールのもとをたどり、それを問い直し、あなた自身の新しいルールをつくればいいのです。そして同時に、過去の出来事なのに今もあなたを傷つけているものに向き合って、悲しみを癒す作業が必要です。こうやって再生のプロセスを通ることで、あなたの人生のコースを変えることができるのです。

自分はどこか変なのではと疑って、見かけを完ぺきに取り繕うために、超人的な努力を続ける必要はもうありません。人々を遠ざけておくためにバリアを張っていなくてもいいのです。

自分で選びさえすれば、新しい生き方は可能です——いつからでも。若くても、中年でも、もっと年とっていても、何歳であろうと、回復はあなたが望みさえすればそこにあります。

生き方のコースを変えるのは、「あなたがあなたでなくなる」ことではありません。「本来のあなたでないもの」に縛られなくなるという意味なのです。

それは、痛みから自由になること。あなたという人間は、痛みが洋服を着て歩いているわけではないのです。

自由になるために、あなたはいったん過去の痛みの中を通りなおす必要があるでしょう。けれども、今のあなたは一人ぼっちではないし、無力な幼い子どもでもありません。そして忘れないでほしいのは、あなたがかつて子ども時代にどんな体験をしたにせよ、そのとき見たり聞いたり感じたことや、そこから受けとった解釈は、あくまで子どもの視点によるものだということです。子どものあなたがその体験から「自分には価値がない」「私が悪いんだ」と信じこんだとしても、それは真実ではありません。あなたは決して、悪くなかったし、無価値でもなかった、そして今だってそうです。私は、いつかあなたが心から言えることを願っています。「私は素晴らしい。私はこれでいい。私には価値がある」と。

過去を探り、過去と現在とのつながりを探ることは、暗い部屋に明かりをともすような作業です。部屋の内部にあるものは変わりませんが、今では自分の行く手が見えるし、危ない目にあうことなく自分の好きなときに入ることも出ることもできます。もう恐怖に突き動かされることはない――自由が、あなたを動かす力となるのです。

2章 現在の痛みのサイクルに気づく

なぜか繰り返してしまう苦しい生き方。そこから抜けるには？

子ども時代の痛みとともに生きてきた私たちは、痛みに対するさまざまな防衛法を身につけています。たとえば次のような方法です。

- 自己否定感を埋め合わせるため、自分に価値があることを行動で証明しようとする。決して間違いをおかさず、何事も完ぺきにやろうと努力する。
- 責められる前に相手のことを責める。
- 物事をゆがめて見る。事実を認めなかったり、大したことではないように扱ったり、理屈をつけたりする。
- 痛みから目をそらす行動をとる。過剰に食べたり、飲酒したり、薬物を使うなど。

こうした方法はもともと自分を守るためのものだったのに、今や私たちにさらなる痛みをもたらしています。つまり私たちが今感じている痛みは、未解決の過去の痛みと、過去に支配された現在の痛みとが合わさったものです。

そのしくみを見ていきましょう。

過去に支配された現在の痛み

　ジャンはこう言います。

「両親は確かに私をちゃんと育ててくれたし、学校の行事にも来てくれました。でも、私が悲しんだり怒り出したりしたら、親は露骨に私を無視しそうな感じでした。プラスの感情でなければ外に表わしてはいけないというルールがありありだったんです。ある面では私は大切にされたと思うけれど、別の意味ではぴしゃりと拒否されて見捨てられている感じがしました。私の家族には、つらいことがたくさんありました。父は四年間、失業していたし、母は、私が九歳から十一歳の間に二回、何かの理由で入院しなくてはなりませんでした。その間、妹は祖母のところへやられていました。こういうことについては、話してはいけなかったんです。私は本当は腹を立てていた。とても怖かった。悲しかった。誰かに聞こえるように叫びたかったけど、そんなことをしても誰にも聞いてもらえないし、追い払われるだけだとわかっていました」

　見捨てられ感や怖れを感じたときたいていの子どもがすることを、ジャンもしました――彼女は、家族が自分のそばにいてくれるよう、「愛される」ことに全力を尽くしたのです。

愛される存在でいるというのは、他人の基準に合わせるということです。ジャンにとってそれは、自分の感情やニーズを切り捨て他の人の意向を優先することであり、つまりは自分自身の感情とのつながりを断つことでした。ジャンはほんの小さなうちから、この防衛手段を身につけました。今でもそれが彼女にとって、自分を守り他人とつながるための、ただひとつの方法なのです。自分のニーズや感情を常に切り捨てている痛みに耐えられなくなるまで、このパターンは続くでしょう。そのあと彼女は別の防衛手段、それもおそらくもっと自分を傷つけるやり方を探し出すかもしれません。アルコールや処方薬や食べ物に依存することです。こうした防衛手段は、ひたすら彼女の痛みを長引かせ、おそらくはエスカレートさせていくでしょう。彼女が「自分を防衛する」ことから「自分を癒す」ことへとコースを切り替えるまでは。

多くの人は子ども時代に自分を守る方法をつくり上げ、おとなになっても同じやり方を続けて、しばしば人生の他の分野でもそれを応用します。たとえば、子ども時代に心の痛みをやわらげるために食べるという手段をとっていたとしたら、おとなになっても過食を続けるだけでなく、アルコールも同じ目的のために使うようになるかもしれません。あるいは子ども時代に親の関心をつなぎとめるために人を喜ばせるやり方を身につけていたとしたら、職場でも同じ方法で人の注意を引こうとするでしょうし、それが人間関係の依存へと発展するかもしれません。

不安や怖れを軽減しようとして、私たちは防御の盾を身につけました。それは、決して批判するべきことではありません。防御の盾を身につけたのは、見捨てられた痛みをやわらげるためだったし、耐えがたい怖れや無力感から自分を遮断し引き離しておくためでもありました。子どもの自分を守るためにはそれが必要だったのです。ただし、自分を防御し保護していたものがいつから人生の障害となったのか、いつから傷と痛みをつくりだすようになったのか、私たちは知っておく必要があります。

あなたも知っている通り、痛みのもとになった過去の出来事や家族の状況は、変えることができません。けれど痛みにどう対応するかは、今の私たちが選択することです。どの対応を選ぶかによって、人生のコースは変わってくるのです。人が痛みに対してどんな反応をするかを見ていくことで、私たちには選択肢があることが理解できるでしょう。

痛みをコントロールする努力

子ども時代に、何が苦痛の原因なのかを理解していたかどうかは別にして、とにかく私たちは痛みを感じていました。それがあまりに耐えがたいので、私たちは痛みをコントロールすることで身を守ろうと努力しました。

おとなになった今も、私たちは痛みをコントロールしようとします。無力を思い知らされたかつての体験を、支配と力の感覚で埋め合わせようとあがいてきたのです。もろい姿のままで痛みにさらされることのないよう、支配権を握って自分を守ろうとし、周囲をコントロールしようと努めてきたのです。また、痛みを自己流に治療しようとしたり、痛みはしかたないことなんだと理屈をつけようとします。

いずれも、長い間の痛みが引き起こす反応です。最初の反応は感情のレベルで生じます。続いて、痛みを自己治療するような行動面での反応が生じます。最後に私たちは理性のレベルで反応し、痛みの原因となるような行動をとらなければ痛みは避けられると考えるのです。

痛みに対する感情の反応

痛みへの反応としての「犠牲者のパターン」

見捨てられ感を味わった子どもは、「自分はもともと何かいけないんだ」という恥に満ちた自己否定のメッセージを心に刻みます。心の奥で反響するそのメッセージを繰り返し聞き、それに影響されることで、「なされるがまま」の犠牲者的パターンがいつものことになります。

犠牲者たちは、自分の感覚を信じない態度を身につけてしまっており、他人の感覚のほうが間違いないと思っています。この人たちは疑うという道具を放棄してしまい、他の人が「物事はこうなっているんだ」と言うと、いともやすやすと同意してしまうのです。犠牲者は、質問することをしません。「**話すな**」「**感じるな**」「**信頼するな**」というルールに加えて、「**質問するな**」「**考えるな**」というルールを学んでしまったのですから。

自分の価値を信じていないため、犠牲者は自分を守ったり健康を維持したり安心できる状態で過ごすといったニーズが自分にあることさえわからないことが多く、その結果、自分の面倒をみることができません。怖れによって動かされていて、傷ついても失望しても、虐待されてもなお、怒りや憤りといった感情を認知することができないのです。何が必要か、何がほしいのかと聞かれても、まったくわからないことが多いのです。

犠牲者としての反応は、自分が無力だと思いこんだ結果でもありますが、同時に一種の防衛反応でもあります。状況に降参し自立を放棄してしまえば、さほどひどい痛みを感じなくてもすむだろうと思いこんでいるのです。

犠牲者は痛みにひたすら耐え、他人の理不尽な行動に耐えることに慣れてしまっています。日々の出来事や感情に対して、無理な理屈で自分を納得させたり、大したことではないと切り捨てたり、あるいは単に事実を認めなかったりする訓練を重ねることで、自分自身から感情を切り離しているのです。誰かの行動によって傷ついても、すぐには気づきません。気づいてしまえば無力感に襲われるか、よけいに面倒が増えるだけだと考えているからです。

こうした人は他人とつきあおうとしない場合もあります。一方、自分が犠牲者であることを周囲にアピールする場合もあります。「私がどんなひどい目にあってきたと思う？　私にこんなことをするなんて、本当にひどい人たちよね！　私はじっと耐えるしかなかったのよ」と。犠牲者でいることが、生き方そのものとなっているのです。そして、見捨てられたり、利用され虐待されたために自分はダメになったんだと、いつも感じています。安全や安心を得られるような行動をとることができず、さらに見捨てられたり虐待される結果を招いてしまうのです。

特徴的なのは、その人の自己否定感が強ければ強いほど、さらに自己否定感をもたらすような相手を人生に招き入れやすいということです。犠牲者によくあるのですが、その相手というのは一見、能力があって行動的で、一緒にいれば弱い自分を守ってくれそうな感じの人なのです。けれどこうした二人の行き着く先はといえば、魅力的だった相手が支配者となって、犠牲者を情緒的にも身体的にも打ちのめす結果になることが多いのです。

犠牲者は親密な関係において自分を守るということが困難です。たとえばそれが女性の場合だったなら、かわいがられ気にかけてもらうことにあまりにも飢えているため、他人との間に安全で適切な境界をつくることが難しいかもしれません。自己評価が低く、好きになった相手を理想化してしまう傾向は、彼女の判断を鈍らせるでしょう。相手の望みを察知してそれに合わせ、自動的かつ無意識のうちに相手に従ってしまうため、自分は弱い立場となって相手に権力を与え、優位に立たせてしまいがちです。自分を防衛するはずの方法が、危険を正確に感じとるのを難しくしているのです。

こうした理由によって、男性でも女性でも、自己否定感の強い人というのは、繰り返し犠牲者となる危険が大きいのです。

痛みへの反応としての「激怒」

怖れや、怒りや、屈辱感や自己否定感がたまりにたまって満杯になったタンク、それが激怒です。激しい怒りは多くの人にとって、これ以上痛みに耐えたくないという限界の反応なのです。すっかり絶望して他に方法がないとき、人は自分の言うことを聞いてもらうため、こっちを見てもらうため、価値を認めてもらうために、怒りを爆発させるという手段に出ます。

激怒が生活の中で欠かせなくなっている人もいます。このような人は子ども時代に、自分の感情の中で怒りだけが唯一安全に表現できるものだと気づいて、他のもろい部分はすべて、怒りの仮面の下に隠したのです。すぐにカッとなる人の多くは、他のどんな感情の動きも見せません。何かで引き金が引かれて怒りが噴出するまでは、あらゆる感情にしっかり蓋をしているのです。だからなんの兆候もなく、突然に、誰かの横っ面に怒りが投げつけられることになります。たとえば部下の仕事をさんざんにこきおろしたり、レストランやガソリンスタンドの店員に向かって限りない文句を並べ立てたりします。どんな意見の食い違いにもがまんならず、肩を怒らせて出て行ったり、あるいは暴力や暴言の形をとるかもしれません。

しじゅう怒ってばかりの人というのは実際にいるものですが、この人たちは近所や地域でも敬遠されがちです。一人孤独に暮らしていたり、いつも激怒の犠牲となる家族とともに人づきあいの少ない生活を送っていることも多いでしょう。どこに住んでもすぐにうまくいかなくなり、引っ越しを繰り返す場合もあります。

怒りで荒れ狂っている人は、はた目からはコントロールを失っているように見えますが、本人はまさに怒りの只中で支配権を握り、力にあふれていると感じています。怒りを爆発させているときは、もはや自分が無能だとも欠点だらけだとも感じずにいられるのです。激怒の背景には、これ以上傷つく体験をしないよう自分を守りたいという思いがあります。怒りの爆発は、偽りの力の感覚（けれど本人にとっては魅力的な感覚）によって無力感や自己否定感を埋め合わせようとする行動なのです。怒りが、空しさや無力感や痛みから自分を守るためにとれる唯一の方法だとしたら、人はそれに飛びつきます。怒りを表わすことは、人々を遠ざけて自分を守るという効果もあります。そうやっていれば、自分では醜いと信じている内面を他人に見られずにすむわけです。

怒りの爆発には、自己否定感を他人に移し替えることで自分を守る効果もあります。あからさまに怒りを表わす人は、犠牲者になりそうな相手、つまり虐待を耐え忍び自己否定感を背負いこんでくれそうな相手を選ぶのです。

激怒は、表現することを決して許されなかった怒りが積み重なった結果として出てくる場合もあります。抑えこんだ怒りは、心の中に根づきます。それは時とともにふくらんで、しつこく居座った恨みとして化膿するかもしれないし、もっとよくあるのは、慢性的なうつにおちいる場合です。こうして怒りのはけ口がない状態が続くと、あるときいきなり敵意に満ちた行動として爆発し、暴力行為や、殺人に至ることさえあります。こうした行為は、痛みに耐えられず、葛藤を解決できず、他の選択肢に気づくことができずに、感情が蓄積された結果なのです。

痛みへの反応としての「うつ」

うつ状態の人というのはみんな寝てばかりで、食欲がなく、自殺傾向があるものだと一般に思われているのは困ったことです。確かにこのイメージは、うつが深刻になった状態を表わしてはいますが、多くのうつを抱えたおとなたちは日々をふつうに過ごし、自分の責任をほぼ果たすことができます。彼らが周囲に向けて演じる偽りの自分は、とても落ちこんでいるように は見えないのですが、本当の自分、本当の感情と魂は、ひどい絶望を味わっているのです。これが明けても暮れても繰り返され、毎週、毎月、そして毎年続いていれば、私が言うところの「隠れうつ」になってもおかしくありません。

うつ状態を隠しておくため、私たちは他人と親しくしたり長い時間を過ごすのを避けて、本当の感情に気づかれないようにし、そして、うつの奥にあるむなしさに気づかれないようにするのです。相手に「仮面をひっぺがす」機会を与えるような深い友情関係はつくりません。外見上はとても有能で、かつ高い壁をつくって「私のことは聞かないで。私にかまわないで」と断固宣言しているのです。

落ちこんでいるだけでも、つらいことです。そこへ、落ちこんでいるのはいけないことだという思いが加わるのですから、もっとつらくなります――落ちこみの原因を恥じ、自分が落ちこんでいること自体に耐えがたい恥ずかしさを感じるのです。

うつの原因については諸説があります。うつは生化学的なアンバランスであり神経伝達物質の機能障害からきていて、抗うつ剤の投与が一番の治療だとする臨床医や研究者もいます。うつは家系的に受け継がれやすく、うつになりやすい遺伝的素因があるらしいということは多くの専門家が認めています。別の考え方は、うつとは悲観的でゆがんだ物事の見方が習慣となった結果だというものです。またさらに、うつは喪失によっても引き起こされ、喪失の悲しみに区切りをつける「グリーフワーク」ができなかった結果として生じる場合があります。グリーフワークとは、きちんと嘆き悲しむことで喪失を過去のものにしていく作業です。

自己否定感が土台にある家族で育つことは、途方もない喪失をともないます。そこでは否認が支配していることも多く、率直に語ることが許されずに、痛みを乗り越えていく方法がないままで喪失感がつのっていきます。傷つきも、失望も、怖れも、怒りも、そして見捨てられ体験も、すべて一緒になって渦巻き、心の奥に根づくのです。そこへ「自分が悪いんだ」という思いまでが加わったとしたら、本当の自分は無価値だと信じて他人から隠そうとしても不思議ではありません。そして最終的には、三十五歳のときか五十五歳になってからかわかりませんが、いきなり壁にぶち当たります。しまいこんでいたものがあまりに重荷となり、今まで長いこと自分を守りコントロールしてきたしくみが破綻します。うつが始まるのです。

喪失にからんだうつを経験している人のほとんどは、自分の感情を極度に恐れています。そして実際は、とてもたくさんの感情を感じています。それを語ることが安全でない場合、感情は自分の内面に直接ぶつけられます。これが、自己否定感を持続させるもうひとつの原因となり、さらにうつ気分を長引かせるものとなるのです。

子どものときに悲しみを表現することが安全でなかったとしたら、おとなになってから経験する喪失に対処するすべを身につけていないことになります。だから喪失に直面したり、それが積み重なった場合、子ども時代に身につけたのと同じ方法に頼って自己否定の殻の中に閉じこもり、感情を否認するしかないのです。

人生の中で喪失を体験し続けていると、ちょっとしたことでもパニックし、おびえきって、無力感と絶望におちいるような思考パターンを身につけがちです。

たとえば、夫が大事な約束に二〇分遅れたとしたら、交通事故にあったに違いないと考えるかもしれません。上司があなたにおはようと言うのを忘れようものなら、きっと自分のことを怒っていてクビにするつもりなんだと確信したりします。小さな情報のかけらをもとに、最悪の事態を予測するのです。

私たちは長年の経験から、頭の中に委員会を作り上げていて、それが内なる批評家となって「愚か者だ」「必要とされていない」「醜い」「どうでもいい人間だ」と自分にささやくのです。ちょっとした悲しい出来事があったり、何かを失う怖れを感じたり、あるいは重要な相手から軽視されたと感じるたびに、その反応が起こります。そうやって無力感や絶望や怖れを感じると、急下降する渦巻きへと自分を放りこんで、きりきり舞いしてしまうのです。

うつの急性症状

多くのおとなは、心の中の痛みを生活から切り離し、目の前で大きな喪失が起きない限り、どうにか日々を暮らしています――子どもが一人残らず巣立っていったり、重い病気になったり、親友や家族の死、失業、大事なキャリアをダメにするなどの喪失を経験するまでは。多くの女性たちは、更年期に入ると身体的な不調と閉経が象徴するものとが重なって、非常に大きな喪失感を味わいます。男性にとっても女性にとっても、現在の生活で直面した重大な喪失は、コップの水をあふれさせる最後の一滴となる場合があります。

キャメラは、身体的な虐待を受けて育ち、その後、建築会社の部長となりました。彼女は子ども時代の痛みを心の片隅に押しこめ、しっかりと鍵をかけて生きてきました。自分が築いた家族のことで一生けんめいで、姉妹や親たちとは距離をとっていました。彼女の人生は過去とはすっかり分断されていたのです。そしてある日、彼女の一番上の娘が事故で亡くなりました。それから半年後、彼女の父が死を迎えました。三週間たって、キャメラは初めての自殺未遂をします。どんな人にとっても、子どもを亡くすというのは人生の中でもっとも悲劇的な出来事です。それに加えてキャメラは、これほどの痛みに対処する方法をまったく知らず、心の中に何の支えもありませんでした。一方、父親に対しては暖かい気持ちを持っていなかったものの、その死は、今まで手際よく隠しておいたはずの子ども時代の痛みを解き放ちました。

現在の生活で喪失を体験したとき、私たちは特に子ども時代の思い出を意識するわけではありませんが、実際にはそんなとき、過去からずっと積み重なった痛みを感じているのです。

トムは、子どもを厳しく批判する家庭で育ち、いつも親に拒絶されるという喪失を体験していましたが、高校を卒業するとすぐ家を出て、親やきょうだいから離れました。そして二十八歳のとき、婚約者が彼のもとから離れていったことで、際立って悲劇的な彼の考え方は、ひどい絶望へと進んだのです。彼は自分を全く価値のない人間と見なしました。かつての婚約者が自分よりずっと経済的に安定していて、はるかにおもしろくて気の利いた相手と結婚することを想像しました。きっと子どももできるだろう、そして自分は一生孤独に過ごすのだと考えました。自分は二度と幸せを味わうことはないだろうし、他の誰にも心許すことはないだろうと思ったのです。やがて、彼は一日に十二時間から十四時間も床に就いているようになり、昼間の仕事に出られなくなり、運動することもなければろくな食事もとらなくなったのです。

人間関係が壊れることは、特に若い時代にはよくあります。それでも、トムは子ども時代の慢性的な喪失体験のために、婚約者を失った悲しみにきちんと向き合って乗り越える方法を身につけていなかったのです。彼はその体験を、自分が能無しで無価値である証拠としてしかとらえることができませんでした。この喪失は、すでに存在していた自己否定感を大きく燃え上がらせる最後のたきぎとなったのです。

犠牲者役割をとることと同じように、うつも、喪失の痛みを癒す方法をもたないために生じるのです。

自殺――もっとも深刻な痛みへの反応

「何の希望もない。私には価値がないし、生きるに値しない。人生は少しもよくなるはずはないし、もうこんな痛みには耐えられない」。死の考えや、自殺未遂、そして実際に行なわれた自殺が物語るのは、しばしば自分の内面に向けられた怒りや激怒であり、そしてうつです。ある人々にとって、自殺という行為は生きる上での無力を埋め合わせるために授けられた力のように見えるのです。つらい思い出や自己否定感とともに生きるよりは、死ぬほうがましな選択だと考える人もいます。痛みに圧倒され、落胆し希望を失って、人は自らの犠牲となるのです。自分の命を奪うという考えは、世間で思われているよりもよくあることです。痛みがこうした考えを生むのですが、同時に私たちは自殺を考えている自分を恥じます。私があなたに伝えたいメッセージは次のことです。「どうか恥ずかしいと思わないで。でも、どうぞ口を閉ざさずに、あなたがどれだけ怖れ、怒り、希望を失っているか、誰かに語ってください」。

回復のプロセスに入れば、あなたは今まで痛みを生み出すもととなっていた数々の問題について語ることができます。自分の中の自己否定感にノーと言うことができます。自分を傷つけずに怒りを表現する方法を学ぶことができます。あなたの中に確かに存在する力にどうやって気づき、それをどう生かしていくか、これから学ぶことができます。あなたは、痛みなしに生きる価値がある人間です。けれどもし、痛みから逃れるための方法として自殺を考えたとしたら、援助の専門家に助けを求めてください。あなたは助けを得るに値します。

痛みに対する行動上の反応

痛みに対する感情の反応がどのようなものであれ、私たちはもう少し楽になれることを期待して、別の方法で痛みをコントロールしてみようとするものです。その方法のひとつが、何かに依存することによる「自己治療」です。けれど残念なことに、そうした努力は、つらい感情の原因や背景を取り去ってはくれません。

アルコールなどへの依存

依存の対象となる物質には、食べ物、カフェイン、ニコチン、砂糖、アルコール、ドラッグなどがあります。そのうち多くは、社会的に認められ、よいとされているために、自分がどれぐらい不健康な方法でこうした物質を使っているかに気づくのが難しいのです。

こうした物質は一時的に痛みをコントロールしてくれるだけでなく、私たちが自然な形で手に入れる方法を知らなかった何かを、しばしば与えてくれます。たとえばアルコールは、自分が無力だと思いこんでいる人に力の感覚を与えてくれるでしょう。勇気が出て、ふだんは欠けているはずの自信が沸いてきたような感じがするものです。これは間違いなく薬物の効果で、一時的なニセものの感覚ですが、多くの人にとってはニセものでもないよりましなのです。孤独で人と交われないと感じている人にとって、アルコールは周囲の人に近づきやすくしてくれます。つまり自分が満ち足りて完ぺきだと感じるための強壮剤となるのです。

遊んだり笑ったりするための時間などない深刻な人生を生きていて、「私にはやらなければいけないことがたくさんある」と考えている人にとっては、アルコールはリラックスする機会を与えてくれます。アリスは長いこと人の世話ばかりして生きてきて、毎日やるべきことを数え上げ、自分がそれをしなかったらこの世界は回らないと考えていました。そして二十六歳で初めてアルコールと出会ったのです。

「どうして飲み始めたのかわかりません。最初の何回か、自分が他の人たちと笑い声をあげるのを聞きながら、なんだかボーっとしているみたいと思ったのは覚えています。自分をなくしたみたいで怖かった。でも、素敵な感じもしました。今まで自分でも気づかなかった自分、知ってみるとなかなか悪くないもう一人の自分がいるみたいで。アルコールでリラックスすることに、どんどん惹かれていきました。飲むとこんなふうに考えたのを覚えています。『なにも、今夜このことを決めなくたっていい』『これを私一人でやる必要はないじゃないの』。すぐにこんな考えになります。『第一、私がやる必要なんて全然ないわ』。私は楽しくなりました。すっかりリラックスしていました」

物事を手放すというアリスの新しいやり方や、彼女が少しばかり柔軟になったことには害はありませんが、アルコール抜きでリラックスする方法を知らなかったために、結局は酒に頼ることになりました。アリスは、他の多くの人と同じように満ち足りた気分になりたかっただけなのですが、彼女が少しでもそれを味わえたのは「酔った勢い」を借りてだったのです。

このシナリオを少し変えれば、他のものへの依存の話になります。特定の食べ物へのこだわりや、食べる量へのこだわり、拒食、そして吐いたり下剤を使うことは、力とコントロールを求めての内面の格闘といえるでしょう。自分を飢餓状態におくこと、吐くこと、そして強迫的な過食は、怒りを自分へと向けているのかもしれません。悪い自分を罰している場合もあります。拒食は文字通り、自己否定感への反応として自分を消そうとする行動ともいえます。そして拒食も過食も完ぺきを追い求める行為でもあります。

行動や関係への依存

自己否定感と無力感を経験することは、耐えがたい痛みとなります。身体が痛むときもつらいものですが、その痛みはいつか治まるでしょう。けれど、自分が欠陥品だと信じこんだとしたら、治るということはありません。恥に満ちた自己否定というのは、希望を打ち砕かれた状態なのです。どうにかして、この耐えがたい痛みをやわらげなければなりません。誰かが、あるいは何かが、深い孤独や不安を取り去ってくれないとどうにもならない。だから私たちは、気分を変えてくれる体験を追い求めるのです。逃げ場が必要なのです。

特定の活動で自分を忙しくさせていれば、痛みや、怖れや、怒りから目をそらしておくことができます。こうした活動の多くは、別の状況であれば、それがエスカレートして生活のバランスを破壊することがない限り、特に害はないものです。たとえば運動は、それが過剰になって身体を壊すようなことさえなければ、健康的な活動です。

人間関係への依存は、ひたすら誰かとの関係の中で自分の価値を確認しようとするものです。それはつまり、自己否定感をやわらげ本当の自分に向き合うのを避けるために、他人を利用することです。

セックスへの依存は、痛みから目をそらしたり痛みをやわらげるために、性的な刺激を利用するものです。また、自分の無力感を克服するために間違った方法で力を手に入れようとすることでもあります。セックスに夢中になることで、私たちはその場だけのぬくもりや、見せかけの愛を手にします。あるいは、性的な行動で怒りを表現することもできます。こうしたセックスの体験は私たちが愛され価値がある存在だと一時的に保証してくれ、それでようやく、自分が欠陥品だという思いこみと折り合いがつくのです。セックス依存症者の依存の中心になるものはさまざまで、強迫的なマスターベーション、ポルノへの耽溺、露出癖、わいせつな電話、のぞき、多数の人との性行為、買春、などなどです。セックス依存症者にとっては、特定の行動が性的な意味を持ちます。物や人を、自分の性的な妄想を通して見ているのです。

感情そのものにとらわれる場合もあります。本当の感情に蓋をし、本当の感情を避けるために、ある種の感情に依存していくのです。怒り中毒になって、すべての感情から逃げるために怒りを使っているかもしれません。また怖れが私たちを圧倒して、恐怖症や、神経過敏、あるいは不安が人生をコントロールすることもあります。

自分や家族に大きな害を及ぼす行動もあれば、少々やっかいな習慣というぐらいのものもあるでしょう。ですから程度にもよるのですが、それが痛みから目をそらすための行動である限り、それは私たちの誠実さを妨げ、今を生きる力を損なう危険性があるのです。

痛みに対する思考上の反応

痛みをコントロールすることに一生けんめいになる人もいれば、痛みを生み出す状況をコントロールしようと試みる人もいます。この人たちは、痛みを取り去ったり、そこから逃げたり、癒そうとする試みとは対照的に、痛みの原因をなくそうとすることに望みをかけます。

完全主義

痛みに対する思考上の反応としてよくあるのが、完全主義です。完全主義は、もし完ぺきに行動していれば誰からも批判されないし、だとしたらこれ以上傷つく理由もなくなるはずという信念によって煽られた考え方です。けれども子ども時代に「どんなにがんばっても、まだ十分ではない」ことを学んでいる場合、完全主義は自己否定感を土台にしています。その結果、自分はこれでよいと感じられるようにして痛みの原因を減らそうとする戦いは限度がなくなり、いつも人よりすぐれているよう、常に一番になるよう邁進し続けることになります。

完全主義に凝り固まった人というのはたいてい、厳格で硬直的な家庭環境に育っています。

親に認められるため、あるいは拒絶される不安を減らすために、物事を「正しく」やらなければならなかったのです。そして「正しい」とはつまり、間違いはひとつも許されないという意味だったのです。

テリィの場合を見てみましょう。彼女は十九歳、治療グループの中で完全主義について語ってくれました。

「中学生のとき、土曜の午後に友だちの家に行きたかったら、その前に家の用事を全部片づけなければいけなかったんです。だから土曜日の朝になると、私は父の前に顔を出して、やるべき用事のリストをもらいました。父がタイプで打ったリストを手にして、仕事にとりかかります。全部やり終わって父のところへ戻ると、父は次のリストを渡すんです。それをやり終わっても、三枚目のリストを渡されるはめになるだけ。四枚目、五枚目のリストが出てくることもしょっちゅうでした」

想像がつくでしょうが、テリィが土曜の午後を友だちと過ごせることはめったにありませんでした。テリィがこの話をしたとき、涙が頬を伝いました。彼女はしばらく黙り、それから考えこむようにしてこう言いました。

「だけど、ここにいる人たちはみんな、相当むちゃくちゃな家で育ってるんですよね。私なんか、まだましかもしれない。あれはあれで身についたこともあったし。もし何かを片づけたい人がいたら、私に聞いて。すばやくやるコツを知っていますから」

そして彼女はためらいつつ、つけ加えました。

「でも、本当に私が身につけたことが何かって、それは、私が何をやろうと決して十分じゃないってことです」

それこそ、テリィが学んだことだったのです。どこまでがんばろうと、決して十分ではないのだということが。どこまでやろうとまだダメだった理由は、彼女の父親を喜ばせるなんて、人間である限りそもそも不可能だったからです。土曜に繰り返された事態はテリィの問題ではありません。父親の問題、彼の求めるコントロールや力の問題だったのです。テリィが友だちと過ごすのを許されるかどうかは、仕事をどれだけ完ぺきに素早くこなせたかどうかには関係ありませんでした。だから彼女は今、まず自分の価値に気づいて、自己否定感にもとづくメッセージに反論することから始めればいいのです。

困ったことに、完全主義者のほとんどは、心の中に限度というものの感覚がありません。自己否定感や怖れが四六時中背中を追い立てているので、常に自分がどこまでやれたかを外側の基準ではかっているのです。子ども時代、彼らは努力して前に進めと教えられました。一休みする時間も場所もなかったし、喜びや満足を味わう暇もなかったのです。

完ぺきさに基準をおくということは、あなたは決してそこに達しないということです。あなたは子ども時代におとなからされてきたことを、心の中で自分に対してやり続けているのです。いくらあなたが努力しようと十分でなく、よくできたと感じる体験をしていないのならば、あなたは「どれぐらいならよいのか」という感覚を身につけていないはずです。

おとなになった私たちは、自分がかつてどんなことで認めてもらおうとし、関心を向けてもらおうとし、ほめてもらおうと必死になってきたか、気づく必要があります。私たちは全力を尽くしてきたし、自分は本当にこれでいいのだと理解することが必要なのです。

受け入れてもらえないと感じ続けてきたのは、私たちに価値がないからではありません。外側から評価を下し、拒絶するぞと脅すことで力を手に入れようとしていた人たちが、心においていった残骸なのです。子どもの時にはわからなかったけれど、今はそのことを認めることができるはずです。

引き延ばしと、どっちつかずの態度

物事を引き延ばすこと、つまり計画にとりかかっても終わらせたためしがないとか、考えるだけで実行に移さないというのは、さらなる自己否定感から自分を守ろうとする防衛であることが多いのです。完全主義と引き延ばしとは、密接な関係にあります。さきほど例にあげたテリィが、決して父親を喜ばせることができないと悟って、そもそも最初のリストを終わらせなかったとしても不思議ではありません。けれどテリィは、引き延ばしの手段をとるしかない人々よりほんの少し自分を信じていました。物事を引き延ばす人は多くの場合、自分に自信がなく、不安が大きいのです。完全主義者が物事をやりとげる傾向が強いのは、ある種の達成感で自分を強くできるかもしれない可能性を感じているからです。引き延ばしをはかる人の場合、その可能性すら見えないのです。

ほとんど関心を向けられず、計画を最後までやりとげるどころか、それにとりかかるだけの励ましも得られなかった子どもたちがいます。その子たちが何か絵を描いたりお話をつくったりして親に見せるたび、親はそれをチラッと見て脇に置くか、あるいは見ることもなくどこかへやってしまう、というような目にあうことがあまりにも多かったのです。学校の課題や宿題を完成させることへのプラスの働きかけが得られないと、子どもはどっちつかずの気持ちでやることになります。彼らは「どうせ誰もかまってくれやしない」と思いこむようになり、「だったら自分だってかまうもんか」という態度を身につけます。その結果が、「引き延ばし」と「どっちつかず」なのです。

同じように子どもを痛めつけるのが、親は注意を向けるけれども常に批判的だったり、あるいは子どものやったことをからかったり人前でこきおろしたりする場合です。学校でごく平均的な成績だったスーは、高校一年のとき歴史の課題に夢中になりました。

「その学期の間じゅう、私はすごく一生けんめいやって、私にしてはめずらしいことだけど、でも本当に歴史がおもしろいと思ったし、先生も私のことを気に入ってくれていました。今までで初めて、がんばろうって思ったんです。ある晩、食堂のテーブルの上に次の日提出するレポートを広げていました。両親が帰ってくるまでには時間があると思っていたから、母と義理の父が二人とも酔っぱらって笑いこけながら入ってきたときにはギクッとしました。母は私に一体何をやってたのと聞いて、『アメリカは果たして第二次世界大戦に参入する必要があったのか?』という題をつけたレポートを手にとりました。そしていきなり猛烈に怒り出して、私を共産主義者と呼んで、愛国心がないとののしったんです」

「信じられませんでした。一分もしないうちに、二人そろって私を怒鳴りつけて、ありとあらゆる言葉で罵倒しました。レポートをとりあげて、あの人たちの言う『くずみたいな代物』を暖炉に投げ入れたんです。そう……何が起こったか、先生にはとても言えませんでした。ただ落第点をもらっただけ。本当にたまらなかったけど、そんなにがんばったってしかたないってことを、初めからわかっているべきだったんです。私が何をやっても、めったにいいことなんかないんですから」

スーの敗北感は、似たような体験が積み重なった末のものです。彼女が何かをやりとげる力を発揮しようとするたび、決まってケチをつけられてしまうのです。数年たつと、レポート事件や他の小さな事件によって、「もし何かをやる気になったとしても、たぶんそのことには努力するほどの価値はない」と信じこむようになりました。その結果、ごく若くして、スーは何かを達成するための努力をやめてしまったのです。

子どもが一生けんめいやったことをけなされたり、こんなことではまだダメだとか頭が悪いんだと感じさせられる目にあうと、自分が本当にできそこないだと証明されないよう、どんな活動にも夢中になるのをやめるというやり方で自分を守ることを覚えます。

また、子どもが絶えず「もっとよくできた」誰かや、もっとよくできるであろう誰かと比べられていると、意欲を失っていきます。トムは、いつも二人の兄と比較されていました。「二人の兄は頭がよかったんです。いかにも利発で、学校でも優秀。僕はいつも『あの人たちの弟』と言われて、それをずっと引きずるはめになりました。僕は数学にも科学にも、兄たちみたいに興味をもてなかった。友だちと遊ぶほうがおもしろかったんです。学校の勉強がいよいよわからなくなっても、両親は助けてくれずに『どうしてお兄ちゃんみたいにできないの』と言うだけでした。だから僕はあきらめたんです。僕は兄とは違ったし、兄たちのようになりたいとも思わなかったから」

引き延ばしには怒りが含まれている場合もあって、それは「じゃあいいよ——最後までやらないから」「テキトーでいいや。ベストを尽くしたりしないんだから」といった態度で表現されます。こうした態度には、「そのままの私を好きになって。私が何をするかではなく」という粘り強い賭けも含まれているのです。硬直したルールが存在する家族、間違うことが許されない家族、危険をおかすことや人と違っていることが許されない家族、目立つことが許されない家族においては、子どもは自分から何かを始めようとしないことを学び、あるいは始めたことを最後までやらないことを学ぶのです。こうやって育った人にとって、何かをやりとげるというのは驚異的なことです。

あなたの痛みへの防衛法を知っておく

激怒、うつ、犠牲者になること、依存、完全主義、引き延ばし——これらは怖れや痛みとともに生きてきたことへの反応です。こうした反応は、しばしば自分を守る盾となります。

他の防御法もあります。たとえば理屈づけ、身体的接触を避けること、冗談めかすこと、奇跡を頼るような考え方や白昼夢にふけること、嘘をつくこと、沈黙すること、そして、ひきこもることです。これらはごくふつうの習慣的な行動として始まりますが、それがだんだん極端なものになるにつれ、長い目で見るとマイナスの結果を引き起こします。

あなたはどうやって自分を守ってきましたか?　痛みから身を守るためにあなたが身に

つけた防衛法をリストにしてみてください。今もそのやり方を続けていますか？　リストができたら、自分に次の質問をしてみましょう。

・その防衛法は、過去にはどんなふうに役立ちましたか？
・今ではどうですか？
・そのやり方を手放したいと思いますか？
・手放すためにはどんなことが必要でしょうか？
・手放すことをじゃましているのは何ですか？

私たちは誰だって、痛みのない自分になりたいと願っています。そのための答えは、ためらわずに痛みの存在を認め、表現することによって得られるのです。つまり、感情と向き合うことです。悲しみ、傷つき、怖れ、戸惑いを自分のものとして受けとめ、そのようにして生きてこなければならなかったことへの怒りを受けとめるということです。あなたが情緒的に生きのびるために戦ってきた方法をすべて洗い出し、無力感をどのように埋め合わせようとしてきたか、あまりに大きな自己否定感と怖れをどうやってコントロールし克服しようとしてきたか、はっきりさせるということです。

次ページの図に、痛みへの反応を変えていくプロセスをまとめました。

喪失に満ちた過去から、ターニングポイントへ

〈おとなにとっての痛みの体験〉

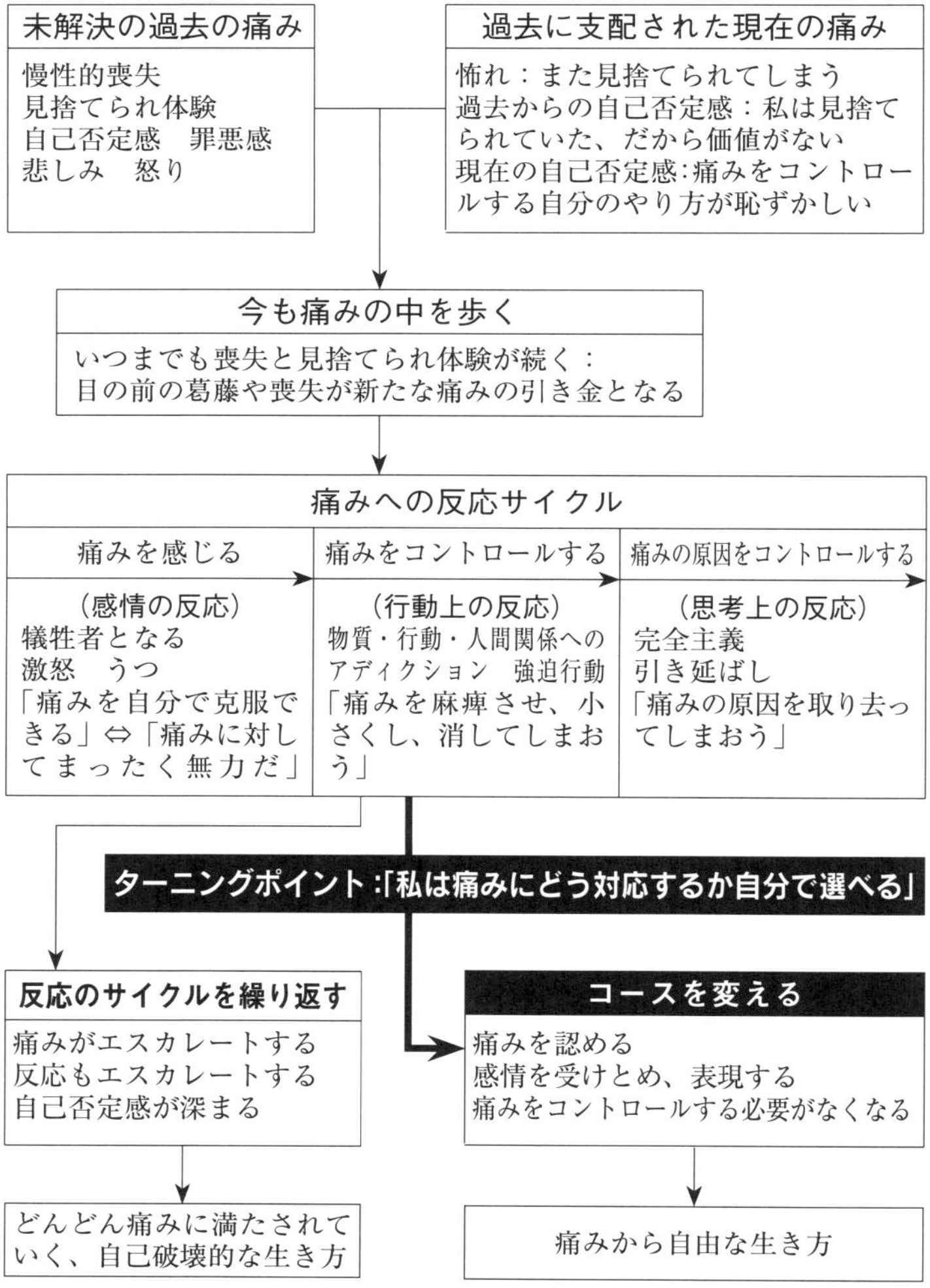
未解決の過去の痛み
慢性的喪失
見捨てられ体験
自己否定感　罪悪感
悲しみ　怒り
過去に支配された現在の痛み
怖れ：また見捨てられてしまう
過去からの自己否定感：私は見捨てられていた、だから価値がない
現在の自己否定感:痛みをコントロールする自分のやり方が恥ずかしい
今も痛みの中を歩く
いつまでも喪失と見捨てられ体験が続く：
目の前の葛藤や喪失が新たな痛みの引き金となる
痛みへの反応サイクル
痛みを感じる
痛みをコントロールする
痛みの原因をコントロールする
（感情の反応）
犠牲者となる
激怒　うつ
「痛みを自分で克服できる」⇔「痛みに対してまったく無力だ」
（行動上の反応）
物質・行動・人間関係へのアディクション　強迫行動
「痛みを麻痺させ、小さくし、消してしまおう」
（思考上の反応）
完全主義
引き延ばし
「痛みの原因を取り去ってしまおう」
ターニングポイント:「私は痛みにどう対応するか自分で選べる」
反応のサイクルを繰り返す
痛みがエスカレートする
反応もエスカレートする
自己否定感が深まる
コースを変える
痛みを認める
感情を受けとめ、表現する
痛みをコントロールする必要がなくなる
どんどん痛みに満たされていく、自己破壊的な生き方
痛みから自由な生き方

過去を終わらせ、歩き始める

前に進むためには、過去を終わらせなければなりません。痛みを手放すためには、現在の生活で痛みをコントロールするためにどんな方法をとっているかに気づくことが必要です。痛ましい現実に向き合うことを避け、今の人生にとどまり続けるという道もあります。この選択をするということは、言うまでもなく、本当に過去を終わらせようとはしていないということです。そして、自己否定と痛みの中を生きのびていくという重荷を、将来の自分に負わせるということです。

私たちが手にしているもうひとつの選択肢は、自分で自分の生き方を選び、外の基準によって命令されるのではなく自由に選んだ信念に従って行動するということです。そうすれば私たちはもはや過去にコントロールされなくなり、過去を終わらせることができます。

過去を終わらせるというのは、それが私たちの記憶から消え去ることではありません。過去は個人史の重要な一面として、あるべき場所に位置するようになるのです。

痛みを手放すということは、これまでのつらい体験を忘れてしまうとか、忘れなければいけないという意味ではありません。それでは別の種類の否認になってしまいます。私たちはいずれ過去の痛みに対して敬意を払えるようになるでしょう。自分の体験を、苦闘しながら人生を切り抜け成長してきた歴史の重要な一部として、大切に思えるようになるでしょう。

過去の私たちには、何の力もなく選択肢もありませんでした。けれど今の私たちは無力ではありません。

私たちが自分の痛みをどうするかは、私たちの選択に任されているのです。

3章 自由への4つのステップ

前に進みたいのに感情がじゃまする。だから順を追って一歩ずつ人生のコースを切り替えるということは、喪失と見捨てられによって傷ついた状態から回復していくことでもあります。では、ここでいう回復とは何でしょうか？

・回復とは、今をどう生きるかに積極的に責任を持つこと。
・回復とは、過去を越えて進むことができること。
・回復とは、子ども時代について本当のことを話せるようになること。
・回復とは、子ども時代に学べなかったスキル（生き方の技術・技能）を育てていくこと。
・回復とは、一度の出来事でもゴールに到達することでもなく、日々続いていくプロセス。
・回復とは、もはや怖れや自己否定感を土台にして生きないこと。
・回復とは、何かに反応して生きるのではなく、自ら行動すること。
・回復とは、感情を健康に表現する方法を発見し、自分のものとし、育てていくこと。それは自分を愛し、受け入れていく練習でもある。
・回復とは自分を信頼し、そして他人を信頼するプロセスであり、この信頼のもとに、親密さを育てる機会も生まれる。

ターニングポイントに至る道筋はさまざまです。12ステップのプログラムなどの自助グループから始める人もいるし、信仰やヒーリング体験がきっかけとなる人もいれば、専門家によるセラピーから始める人もいます。感情を解き明かし、こびりついた信念を変え、行動を学びなおすには、回復プロセスを支える骨格である四つのステップを取り入れることが必要です。

ステップ１＝過去の喪失を探る
ステップ２＝過去と現在をつなげる
ステップ３＝取りこんだ信念に挑む
ステップ４＝新しいスキルを学ぶ

ステップ１＝過去の喪失を探る

「どんな出来事に傷ついたのか？」
「必要だったのに手に入らなかったものは？」

回復を始めるにあたっては、過去について語ることが重要です。多くの人は、話すことにわくわくすると同時に怖さも感じますが、中にはなぜ過去を語ることが必要なのだろうといぶかしむ人もいます。過去を思い出すことが「いやな話を蒸し返す」ように感じられるとしたら、その体験にはまず間違いなく未解決の痛みがともなっていて、今もあなたに影響を及ぼしているのです。はっきりさせておきますが、過去について語る目的は、それをきちんと過去のものにするためです。

それは親を責めるという意味ではありません。実際、過去に立ち戻って調べてみてわかったことを親とは共有しないという選択もできるのです。どちらにするかは、あなた自身や家族の状況にもよるでしょう。

人が過去を探るのは、それを誰かのせいにするためではなく、真実を発見し、認めるためです。非常に多くの人がおとなになってもまだ、子ども時代に形作られた信念によって動いています。過去に起きた特定の出来事を振り返ることは、物事の見方を大きく転換させるきっかけになります。たとえば、もし親が怒って私たちを叩いたとしたら、子どもの見方からすれば自分が何か悪いことをやったか、あるいはどこか至らなかったために、親を怒らせたんだと思うでしょう。おとなの目で見直してみれば、親は自分自身に腹を立てていたのかもしれないし、生活上の何か、たとえば失業したことで頭にきていたのかもしれないと考えることができます。子どもはか弱くて矛先を向けやすいからぶたれてしまっただけで、ぶたれた理由は私たちが思いこんでいたものとはまったく違うかもしれないのです。

こうやって得ていく新しい気づきというのは、自分について前向きな考え方を育てていく決め手となります。私たちはこれ以上、恥辱と自己否定感がともなう秘密におびやかされているわけにはいきません。過去の真実を認める作業は、私たちが痛みを感じ、悲しみを表現することを可能にしてくれます。

拒絶されたり罰を受けたりする怖れなしに語ることによって、今まで内に秘めることで私たちを傷つけてきた深い感情を解き放つことができます。他の人たちと共にこのプロセスを通ることによって、子ども時代の自分への確認を得られます。「validate（確認する・正当だと証明する・価値あるものと認める）」という英語は、「強くする」という意味のラテン語 valere からきているのです。自分を確認してもらうことは、私たちを強くします。

過去に戻り過去を語ることの主な目的は、否認を破って真実を話せるようにすることです。否認という手段を助けとして子ども時代を生きのびてきたなら、おとなになってからの体験にも同じ否認が立ちはだかっているでしょう。語るというプロセスに取り組むことで、あなたは現在の出来事、まさに目の前で起こっていることに対しても、誠実になるすべを身につけることができます。

おとなになっても物事を過小評価したり、切り捨てたり、理屈をつけるやり方を続けるのは簡単ですが、それは感情を正直に受けとめて表現するのを妨げます。そして自分にも他人にも誠実になるための力をそいでしまい、自己信頼や人との関係を育てるのに大きな障害となるのです。子ども時代の体験を自分のものとして受けとめることは、自分を防衛しなくてはならないという重荷からおとなのあなたを解放してくれ、「自分で選ぶ」ことを可能にしてくれます。過去を探るのは、力を得るための作業なのです。

過去の感情を癒すプロセス

過去の痛ましい真実を発見し認める作業は、「グリーフワーク」でもあります。グリーフワークとは喪失の悲しみを表現して癒していく作業です。私たちは今まで、自分の人生に起こった喪失に気づかないままでいたり、事実だという確認を得られずにいました。そのため喪失にともなう感情は、あなたをひどく傷つけかねない時限爆弾となっています。それはうつ、さまざまな物や行動への依存、自分を傷つける関係にはまること、子育ての難しさといった形をとって現われているかもしれません。ですからここできちんと時間をとって、悲しみを表現することが大切なのです。グリーフワークには、次のような意味があります。

・子ども時代の喪失（1章で見てきたこと）を確認する。
・喪失感を感じることを自分に許す。何が起こったかに気づいて認めるだけでなく、怒りや悲しみなど喪失にともなうあらゆる感情を、当時と同じ深さで感じることが大切。
・こうした感情を尊重し、しっかり受けとめる。悲しみが置き去りにされて残らないように、もっとも深いレベルの感情を通り抜けなければならない。
・感情を他の人と分かち合う。これは、傷を光と空気のもとにさらして治癒を可能にする方法。傷がもはや秘密ではなくなったとき、恥に満ちた自己否定感は消えていく。他の人に受けとめてもらうことで、日の光によって氷が溶けるようになくなっていく。

人は大切なものを失ったとき、否認、怒り、取り引き、抑うつという段階を通って最後に受容へと至ります。最初は否認によって自分を守り、やがて理不尽な事態に怒りを感じ、次には失ったものを取り戻す手段を探し求め、それがうまくいかずに深い悲しみに沈み、時間をかけて喪失を受け入れていくのです。その受容の末に、希望や笑いが少しずつ戻ってきます。けれど何かの原因でグリーフの段階が途中で止まってしまうと、悲しみは癒されずに残ります。

私たちにとってグリーフワークが難しい理由のひとつは、喪失が慢性的なものであり、それにすっかり慣れてしまっているため、喪失があったことにさえ気づくのが難しいこと。もうひとつは、怒りや悲しみなどの感情に対する怖れです。

安全な形で過去にまつわる感情を感じ、語るためには、準備がいります。

そのひとつは、何が「ふつう」かを知っておくこと。問題を抱えて育った私たちは、それがわからないことが多いからです。たとえば、悲しいときに涙が出るのは変なことではなく、「ふつう」なのだと理解しておいてください。あなたの感情は、どれも間違っていないし、ちゃんと理由があります。他の人が自分と似た体験を語るのを聞くことも必要です。こうした体験が綴られた本を読むことも、自分自身の体験を理解し語るための言葉を与えてくれます。

信頼することも必要です。過去の痛みを通り直すためには、自分への信頼がなければいけないし、あなたと一緒に歩いてくれる相手を少なくとも一人は信頼できないといけません。たとえばカウンセラーや、仲間や、気持ちを分かち合える友人です。子ども時代、私たちは自分を守ってくれるはずの相手を信頼しては、しばしば裏切られてきました。そのため信じることを怖れるようになり、自分にとって大切な相手を信頼しようとしたときに起こる感情と格闘するのに時間がかかります。けれどこのプロセスを通ってこそ、やがては、小さかった頃の自分を受け入れ、確認することができるのです。

回復の途上にある人が「解決法を探そうとせずに過去にばかり目を向けている」と批判されることがあります。けれども、私たちはこのプロセスで子ども時代の体験を自分のものとして受けとめているのであり、必要なだけの時間をとらなければならないのです。すべてのことを一度に思い出すことはできないし、感情も一度に表面に出てくるわけではないのですから。

感じることへの怖れ

多くの人にとって、過去を語ることを困難にしているのは感情への怖れです。

あなたはおそらく、もしも自分が感情を表わしたらどんなことになるだろうと非常に不安でしょう。子ども時代、あなたが父親に対して怒りを見せると、顔をひっぱたかれたかもしれないし、叱られたかもしれません。あなたが悲しい気持ちを口にしたとき、誰もそばにいて慰めてはくれなかったし、悲しいんだねと言ってくれなかったかもしれません。黙るよう言い渡されたか、本当に泣くような目に合わされたかもしれません。子ども時代には感情を表わすのは安全ではなかった、だからあなたは今も感情を表現することを避けようとしているでしょう。

涙を流し、机にこぶしを打ちつけている人に「今、何を感じていますか?」と聞くと、「わかりません」と答えるといった場面にも、私は何度も出会ってきました。感情から切り離されているために、何を感じているのかさえわからないというのは、よくあることなのです。

自分の感情を探るための手がかりとして、次の質問に答えてみてください。

・あなたが人に向かって一番表現しやすいのはどんな感情ですか?
・一番表現しにくいのは、どんな感情ですか?
・やっかいな感情を表現することで、どんなことが起きるのを怖れていますか?

悲しみ

私たちは悲しくなると、誰もそばにいて自分を慰めてくれないのではないかと怖くなります。周りの人は目の前から立ち去るか、あるいは自分の弱みにつけこんでくるのではないかと。すでにお話ししたように、喪失には悲しみがともない、悲しみには涙がつきものです。私たちの多くは、長いこと泣いたことがありません。もしも五年、十年、あるいは二十年、ひょっとしたら三十年もの間泣いたことがないとしたら、涙におびえるのもおかしくありません。泣き始めたら二度と泣きやむことができないのではないかと不安に感じたりするものです。

私はクライアントと面接する際に何度も、「あまりに泣きすぎるからといってこの部屋から放り出された人は、一人もいません」と繰り返してきました。あなたが泣いている時間は永遠のように思えるかもしれませんが、実際はほんの数分です。激しく涙にくれる時間というのは、たいていは三、四分続くだけだし、長くても九分か十分です。たぶんあなたは自分のことをぶざまに感じ、恥ずかしさや不安を感じるでしょうが、それは泣くことに慣れていないからで、あなたは死にはしません。正気を失うこともありません。

人が感情的に傷つきやすい状態にあって、つらい気持ちを感じたくないと思うとき、たいていは呼吸がとても浅くなります。お腹で息をするのではなく、胸が上下します。やがて耳のうしろに痛みを感じ、なんだか耳から呼吸しているかのように思えてきます。そんなふうになったら、ゆっくり、深く息をすることが大切です。自分の呼吸を確かめ、深呼吸してください。泣けば、顔が赤くなります。涙が鼻からポタポタたれます。誰だって、泣けばそうなるのです。けれど徐々に、解放感を感じます。今までのように自分をガチガチにコントロールしていなくていいのだし、そう思うことで楽になるはずです。泣き終わったとき、あなたは自分が背負っていた重荷が少し軽くなっていることに気づくでしょう。

怒り

人は自分の怒りに恐れを抱くことも多いものです。癒されない痛みを抱えた人は同時に、未解決の怒りをたくさん抱えています。自分の怒りに十分気づいている人もいるし、怒りから目をそらし、理屈でごまかしている人もいます。多くの人の、怒りを表わしたら何が起こるだろうという怖れは、現実とはかけ離れています。

人は怒り出したとき、声が高くなり、顔が紅潮し、身体は緊張します。怒りとともに、怖れや悲しみを感じる場合もあります。怒っているのに表現しないでいると、やがて予期しないときに怒りが爆発したり、間接的でねじれた形になって出てきたりします。たとえば過食、不眠、皮肉、体調の悪化、暴力などです。

私がもっともよく耳にする、怒りについての不安は、自分が怒り出したら「誰かを打ちのめしてしまう」というものです。たいていの場合、これは文字通りの意味ではありません。私がクライアントに、「打ちのめす」とはどんなことを指すのか聞いてみると、一番よくある答えは、要するに誰かに向かって声を荒げることなのです。それでも彼らは、自分には相手を打ちのめしてしまう力があると怖れているのです。

この考え方は、子ども時代の経験からきています。親が怒鳴ったとき、多くの人はまるで打ちのめされそうに感じたのです。壁際に追いつめられて、進退きわまったような感じがしたのです。自分の生活がすべて粉々に崩れるような気持ちを味わった人もいるかもしれません。誰かが声を荒げたり理性を失った行動をとると、子どもはどこかへ消えてしまいたいと思うものです。たぶん親は、あなたがとった行動ではなく、あなたそのもの、あなたという存在に対して怒りを投げつけたことでしょう。つまりあなたの本質を攻撃したのです。自分の価値や存在意義を育てていくべき時期にこのようなことが起こったなら、あなたが「打ちのめされた」ように感じたのは当然です。

今も、もし誰かの考えに賛成しなかったり、誰かにノーと言わなければならなかったり、怒りで声を荒げてしまったりしたら、あなたは子ども時代に自分が傷ついたのと同じような形で相手を傷つけてしまったような気分に襲われるでしょう。本当にそうなのか、考え直してみる必要があります。ときどきは、あなたも声を荒げるでしょうし、ノーと言う必要もあるでしょう。人の意見に反対する必要もあるでしょう。相手の存在意義や、価値や、本質を攻撃することなく、相手の行動に対して怒りを表現する方法を学べばいいのです。かつてあなたがされたことを他の人にしなくてもいいのです。

あなたの中には積み重なった怒りがあるかもしれません。だからといって、あなたが今感じる怒りが、これまでのすべての怒りの総決算である必要はありません。膨れあがった怒りはどこか別の場所でまず表現して、それから現在の腹立ちのもととなった人に対して直接怒りを表わす必要があるかどうか、判断するといいでしょう。

覚えておいてほしいのは、いつどのように感情を表現するかについて一人で答えを出す必要はないということ。あなたと回復のプロセスをともにする人が、方向を指し示せることは多いはずです。

なお、もしもあなたが身体的な暴力の存在する家庭で育っていたり、あるいはおとなになってから自分自身や他の人を身体的に虐待したことがあるなら、あなたが感じる怒りへの怖れは大きくて当然だし、他の場合よりも現実的な根拠があります。怒りを表現するプロセスを安全なものにし、意味あるものにするためには、怒りの作業を手助けできるプロのカウンセラーの力を借りることを強くすすめます。

罪悪感

過去を探ることへの不安が、間違った罪悪感からきている場合もあります。今もあなたは、自分がもっと何かしていれば事態を変えることができたはずだと信じているのでしょう。

幼かったあなたは、今ならわかっているようなことを知りようがなかったのです。当時起こったことを変えられたはずもありません。子ども時代のことについて自分に責任を負わせようとするのを、あなたはやめるべきです。あなたは子どもだったし、あなたが体験したことは他人によって左右されお膳立てされていたのです。子ども時代というのは、そういうものです。

他の人の態度や行動に対して後悔を感じるのは「間違った」罪悪感です。自分が左右できないことに関して責めを負うのは間違っているのです。生きていく上で責任を果たすべきことはたくさんあるし、だからこそ「本物の」罪悪感を感じることもあるでしょう。けれど親のアディクションや強迫行動に責任を感じたり、小さな子どもや十代のときにおとなのような判断力や手立てを持っているべきだったと考えるのは、正しくありません。

感情への怖れを乗り越える

覚えておいてください、回復には時間がかかります。すべてを今日のうちに片づける必要はないのです。あなたがいったん、自分の不安や怖れを他の人に語り始めれば、もうそのような感情に圧倒される感じはしなくなるでしょう。感情というのは、否認したり、切り捨てたりした末に積み重なっていったときに限って、自分を傷つけるものになるのです。

癒しが始まった段階では、感情はさまざまな背景から浮かび上がってきて、中には互いに相容れないものもあるでしょう。悲しみと幸せを同時に感じるかもしれないし、悲しみと怒り、愛と憎しみが一緒に出てくることもあります。どんな人でも、相反する感情を同時に感じることがあるのです。あなたは正気を失ったわけではありません。単に悲しいけど幸せだったり、悲しくて怒っていたり、愛しているし憎んでもいる、というだけのことです。

感情の深さにも理由があることを信じてください。大切なのは、あなたがその感情について語れるようになること、それを誰かの前で表現し始めるということです。感情がどこからくるのかわかっていなくてもかまいません。ただ口を開いて、「私は悲しい。何が起きているのかわからないけれど、悲しい気持ちなんです」と言えばいいのです。自分の気持ちに気づいて、言葉にすればするほど、その感情がどこからくるのかをたどることができるようになります。

最初のうちは、痛みに圧倒されそうな感じがするのがふつうです。けれども、あなたが痛みをきちんと認め、自分のものとして受けとめることで、つらさは過ぎ去ります。重要なのは自分を支えるしくみをつくっておくこと、定期的に自分の感情について語れる相手を持つことです。内に秘めておくよりも語ることで、感情の威力を発散することができます。他の人に確認してもらうことで、痛みもやわらぎます。

過去から積もり積もった感情を体験し始めたなら、そのまま十分に感じてください。痛みが激しいからといって、何とか調節しようとしたり防衛しようとすると、かえって痛みを長引かせます。感じることを自分に許してください。感情を自分のものとして受けとめ、その感情とともにいてください。あなたが感じているたくさんの感情は過去から積み重なったもの――かつては感じることが安全ではなかった感情――だということを忘れないでください。だから時間はかかりますが、セラピーや自助グループの中でこの作業をやりとげて自分を発見した人たちの経験では、六ヵ月から八ヵ月ほどで痛みがずっと楽になっていることに気づくはずです。

こうした強烈な感情に襲われている間は、外からのストレスが少なくてすむよう慎重に配慮する必要があるでしょう。新たな責任を引き受けるのにふさわしい時期ではありません。むしろ自分のために十分時間をとってください。傷つきやすくなっている時期だということを心にとめて、自分にやさしくしてあげるときなのです。

このプロセスを通って、失ったものはもう決して得られないと認めることが必要です。子ども時代にわずかな望みをかけて必死に描いた理想が現実になることは、ありません。今のあなたなら、自分のニーズを自分で満たすことが十分できますが、いくら悲しみを表現したとしても「あのとき」を完全に消し去ることはできないのです。そう悟ることで、失われたものに対して感情を注ぎこむ努力からついに手を引くようになり、喪失を受け入れて、回復のプロセスを先へと進み始めるでしょう。

過去を探り、喪失にともなう痛みを癒すことは回復に欠かせませんが、第一のステップを終えて次に進むことも同じぐらい重要です。そうでないと、あなたはここから動けなくなり、やがてそれは癒しのプロセスではなく誰かを責めるプロセスになってしまいます。

子ども時代について語ることは、生き方のコースを変えるための答えのすべてではありません。これは自分自身と他者について多くの洞察と気づきを得て、理解していく時期にあたります。希望のときであり、私たちにはたくさんの選択肢があることを知るときなのです。ここで得た新しい気づきをもとに、次の三つのステップに取り組まなければなりません。

ステップ２＝過去と現在をつなげる

「過去の喪失は、今の私にどう影響しているだろう？」

過去と現在をつなげることは、情緒的なプロセスというよりも、論理と洞察に導かれたプロセスです。過去と現在の生活との間に原因→結果のつながりを見つけることで、進むべき方向が見えてきます。そのことによって、「今、ここ」にもっと集中できるようになります。あなたが取り組むべき課題がはっきりしてきます――痛みが影響を与えているのはどんな場面か、健康的な対処ができないのはどんな場面か、どんなことを新しく学ぶ必要があるか、などです。「私の過去は、今の私にどのように影響しているのだろう?」という質問に答える作業を進めるうちに、どんどん「今、ここ」に集中していきます。

次の問いを読んで、思い浮かぶことを書き出してください。

・私の過去は、自分自身についてのイメージに、どのように影響しているだろう?
・現在の人間関係に、どのように影響しているだろう?
・職場での私に、どのように影響しているだろう?
・親としての私に、どのように影響しているだろう?

書いてみることを通じて防衛がとれ、もっと自分に素直になれるはずです。このステップに取り組むうちに、それぞれの質問にさらにくわしく答える必要が出てくるでしょう。そのためのヒントとして、もっとつっこんだ質問の例をあげておきます。

❶　子どものときからずっと孤独の中で生きてきたことは、自分自身についてのイメージにどんな影響を及ぼしているだろう？

❷　人間関係にどんな影響を及ぼしているだろう？　友人との関係では？　子育てでは？

❸　子ども時代に失敗をひどく恐れていたことは、今の仕事上での自分にどう影響しているだろう？　遊びではどうだろう？　子育てでは？

❹　子ども時代にいつも承認を探し求めていたことは、今の子育てにどう影響しているだろう？　人間関係には？　仕事上では？

❺　子ども時代にひとりぼっちで幻想にひたって長い時間を過ごしていたことは、今の自分にどんな影響を及ぼしているだろう？　自分の理想には？　友人の選び方には？

❻　空想の世界にいるときしか安全を感じられなかったことは、私の職業選択にどんな影響を及ぼしているだろう？

❼　いつも怖れとともに生きてきたことは、自分自身や、人間関係や、仕事や、子育てにどう影響しているだろう？

❽　怒りを表わすのが安全でなかったことは、自分自身や、人間関係や、仕事や、子育てにどう影響しているだろう？

❾　感情が凍りついた母親、私のすることに決して満足しない父親のもとで育ったことは、今

の自分にどう影響しているだろう?

こうして、子ども時代と現在とを原因→結果のつながりとして見ていくことが必要です。

私たちはよく、生活の中のある分野について、きちんと探らずに最初から決めてかかってしまいます。たとえば、「働くのはよいこと」で「私は仕事で成果をあげている」から、その分野については考える必要などないと決めてしまうのです。けれどもこのステップ2で自分にさまざまな質問を投げかけ、今の行動パターンと過去とを結びつけることによって、痛みを長引かせていたやり方に気づいたり、自分の助けになるのではなく害となるような行動を繰り返していた事実に気づくことが多いのです。

「私がかつて学校の活動に夢中になって寂しさを忘れようとしていたことは、今の仕事ぶりにどう関係しているだろう?」と自分に尋ねてみると、学生時代と同じやり方で仕事に没頭して自分自身から目をそらしていたことがわかるかもしれません。一週間、毎日十六時間も働いて、これだけがんばったごほうびだとでもいうように食べ物を詰めこんだりアルコールを流しこんだり、浪費に走ったりしているということがよくあります。仕事面で優秀なのはまず間違いないでしょうが、それよりも私たちが確実にやってきたのは、自己否定感の重荷を増やすことだったかもしれません——体重が五キロ増え、飲酒運転でまたひっかかり、クレジットカードの負債が増えて、クローゼットの中は必要でもなくほしかったわけでもない洋服でいっぱいになるというわけです。

過去と現在をつなげるステップは私たちに洞察を与えてくれますが、同時に感情も呼び起こします。たとえば、「四十五歳の今でも決断するのが怖いのはなぜだろう？」と考えることを想像してみてください。自分がどんな人間に思えるでしょう？　あるいは、あなたが人の話に耳を傾ける方法を身につけていないとしたら？　それによってパートナーとの間にもちあがっている問題のことを考えたら？　また、あなたが自分のニーズを探ろうとすると、どんな気持ちになるでしょう？　こうした質問に答えることは、たくさんの痛みをもたらします。

私のクライアント、シェリーはこんなふうに言いました。

「子どもの頃、自分のために作り上げた幻想が尾を引いて、ずっと私は夢みたいな目標ばかり描いていたんです。それがわかったのは、とてもつらかった。結局は自分で決めることが怖かったんだと気づいてしまったし、今だって私は怖いんです！」

もちろん、過去と現在のつながりがわかってよかったと感じることは多いでしょう。それでも、わかったことで怒りや悲しみが生まれてくるのは自然だし、今までのパターンを変えたいと考えれば怖れもわいてくるものです。こうした感情を感じ、なぜその感情が生まれたかに気づき、その痛みを表現し癒していくことが必要なのです。

ステップ3＝取りこんだ信念に挑む

「私は子ども時代、どんな信念を心に刻んだのだろう？」
「そう信じこむことは、今の私を助けているだろうか、傷つけているだろうか？」
「今、私は、何を信じて生きたいのだろう？」

子ども時代に取りこんだ信念は、しばしば無意識のうちに私たちの行動を左右し続けます。こうしたメッセージは多くの場合、「○○すべき」「○○であるべき」という形で親の態度や価値観が内面に取りこまれたものです。私たちはまず、自分の中にある信念を見つけ出し、それが肯定的なものか否定的なものか、自分のために役立っているか害になっているか、そして自分は今どんなふうに生きたいと願っているのかを、問いかけてみる必要があります。

そこで、このステップの最初にあたって「……について私はどんなことを信じているだろう？」と自分に聞き、その答えを再検討してみることにしましょう。

小さい頃に身につけがちな信念で、私たちにとって有害なものの例をあげます。

◆誰も信じられない。
◆私を気にかけてくれる人など誰もいない。
◆私はどうでもいい存在だ。
◆私には価値がない。
◆私は物事を正しくやらなければいけない。そうでないと何か悪いことが起こるから。
◆私自身のニーズなどどうでもいい。他のみんなのニーズを満たすほうがはるかに重要だ。
◆遊んでいる時間はない。やるべきことがたくさんあるのだから。
◆私は他の人の面倒をみなくてはならない。
◆どうせ私には何もできない。だからわざわざ一生けんめいになることはない。
◆私が何をやっても、満足にできたためしがない。
◆その他の信念（　　　　　　　　）

前のリストを見て、あなたの行動のもとになっている信念にチェックをつけてください。

他にも、過去の体験から形づくられた信念で、あなたにとって害になっているものがあればあげてください。

こうした有害な、心に根をおろした信念は、生きていく力を育てる障害となります。たとえば、あなたが本当に自分のニーズなど重要ではないと信じこんでいたら、「これが必要だ」と口に出す方法を身につけるのは難しいでしょう。もしも自分には何もできないと思いこんでいたり、何かを満足にやれたためしがないと思いこんでいたら、新しいことを始めたり試してみる気にはなれないでしょう。もしも他人の世話をすることが自分の仕事なんだと信じていたら、あなたは自分の面倒をろくにみていないに違いありません。そのメッセージを、これからも信じていたいかどうかを決める――自分で選ぶ――ことが重要になってくるのです。

自分にとって有害なメッセージを見つけたら、それを手放す象徴的な儀式が必要です。多くの人は人生を変えようとしながらも、この段階を飛ばしてしまいます。彼らは過去を探り、過去と現在とをつなげ、そして何か新しいスキルを学ぼうとするのですが、自分の心の中にあるメッセージには積極的に目を向けようとしません。ときどきはそれが視野に入って、存在することに気づくのですが、ちゃんと取り除こうとはしないのです。

古い信念をぬぐい去るための象徴的な方法は、いろいろあります。

- メッセージを書き出し、その紙を破りましょう。あるいは、メッセージを書いた紙をイスに置いてその上に座り、「ノー」と宣言します。信念を何かの光景として想像し、その偽りの世界が粉々に崩れる様子を思い浮かべます。もしあなたがコンピュータゲームをするのなら、メッセージが書かれた看板がゲームの中にあるのを想像して、それをドカンと吹き飛ばします。メッセージを手放すプロセスを具体的な行動にすることが重要です。目的はまじめですが、その方法は、楽しめるものであっていいのです。

古い信念を手放す儀式が終わったら、それを健康なメッセージに置きかえます。かつて疑いもせずに信じこんだものを、自分で選んだ健康な信念に置きかえる例をあげましょう。

古い、間違った信念	新しく置きかえた信念
他人はみんな信じられない	信頼に値する人はたくさんいる
「イエス」と言わないと弱いと思われる	「ノー」と言っても強い人間でいられる
遊んでいる時間はない	遊ぶ時間は大切だ
間違うのは、私ができそこないだから	間違うのは、私が人間だから

おそらくあなたは、自分のためになるメッセージも家族から受けとっているでしょう。どんな肯定的なメッセージがあるか確かめることも大切です。あなたはかけがえのない大切な子だ

と父親が言うのを聞いたかもしれません。「自分がしてほしいことを他人にもせよ」と教えられたかもしれません。こうしたメッセージなら、心の中に持ち続けたいと思うのではないでしょうか。もしそうなら、それを自分のものとして選びとることが必要です。

大切なのはあなたが何を信じるかであって、あなたの父親（あるいは母親）の考え方ではないのです。声に出してはっきりとこう言いましょう。「父親が私に言い聞かせた○○のことは、今までとても私の役に立ってきた。だから私は自分でそれを信じることにする」。これで、そのメッセージ、その信念は、あなた自身のものになったのです。いわばバトンは親からあなたへと手渡され、今はあなたが自分の責任でそのメッセージを運んでいるのです。

逆に、あなたが取りこんだ「親の考え方」「こうすべきという決まり」が自分の望む生き方をじゃましているとわかったら、放り出していいのです。

このステップは頭で考える作業で始まりますが、受けとめるべき感情がわきあがってくることも知っておいてください。「自分のことなんて後回しにすべき」と信じて生きてきたと気づいたら、腹が立つでしょう。「誰も私の言うことなど聞きたくないんだ」と信じこむような体験をしてきたと気づけば、とても悲しくなります。また、古いメッセージを健康なメッセージに置きかえるときには、変化にともなう感情の揺れを通り抜けなければなりません。

このステップに取り組むときには徹底的にやってください。というのも、ここで多くの人が作業を飛ばしたり手を抜いたりするからです。これは一見、たいした意味のない、取るに足らないことのように思えるかもしれません。それほど強烈な感情を呼び起こすわけでもなく、ある種の人たちが回復というものに求めるような刺激が少ないのですから。もちろんあなたが取り組む課題によっては「激しく気持ちが揺さぶられる」ことにもなるでしょうが、それがこのステップの主な目的ではありません。かんじんなのは、自分の課題に取り組み、自分が今をどう生きるかに責任を負うことなのです。

あなたが本当の意味で新しい行動パターンを学ぶ準備ができるのは、ここまでの三つのステップに取り組んでこそなのです。

ステップ４＝新しいスキルを学ぶ

「今私はどんなことについて、別のやり方をしたいのだろう？」

最終的に私たちの生き方が変わるのは、子ども時代に学ばなかったスキルや行動のしかた――自分を大切にすること、他の人と健康な関係をつくることなど――を学んだときです。「もっと人の話が聞けるようになりたい」「問題を上手に解決する方法を身につけたい」「他の選択肢を考えつくようになりたい」「上手な交渉のしかたを学びたい」。これらは生きていくためのスキルであり、自分にも他人にも寄り添って生きる方法です。

多くの人は、その前の三つのステップを通らずに、ただ新しいスキルだけ学ぼうとしがちです。人生を先に進めようとして急いでいることは理解できます。子どもの頃からずっと、私たちは明日に望みをかけ、今このときを一刻も早くやり過ごしたくてたまりませんでした。きっと明日は今日よりましに違いないと信じていたのです。だから今でも、悲しみに目を向けたくはないし、過去と現在をつなげようとしてじっと考える時間は惜しいし、信念を再検討するという一見くだらないことに時間を使いたくないのです。他にやることはいくらでもあるのですから。けれど、回復を優先する気持ちになることが必要です。回復を優先するとは、それぞれのステップをきちんと踏んでいくための時間をとるということです。

行動を変えることだけに焦点を当てたプログラムは、あなたを夢中にさせるかもしれません。けれどたいていの人は、ステップを順序通り踏んでいかない限り新しいスキルを実行しようとしてもなかなかうまくいかない、ということに気づきます。なぜなら、スキルにともなう感情の部分が置き去りになっているからです。

たとえば、限界を設定するのが上手になりたいとします。自分だけに負担が集中するような目にあいやすいので、もっと堂々と自分を主張できるようになりたいのです。けれども、こんなことが起こります。自己主張のためのアサーティブ・トレーニングを受けても、ついていくのが難しかったり、実際に行動に移そうとするとなかなかできないのです。まだ取り組んでいない課題、つまり拒絶される怖れや相手に受け入れてもらわなくてはという思いが立ちはだかるためです。スキルは、このような感情の課題と切り離せないのです。

あるいは、他の人に助けを求める方法を学びたいとします。安全な相手を見つけることはできるでしょうし、どんな事柄や問題からやってみるか優先順位をつけてリストをつくることもできるでしょうが、子ども時代に助けを求めることがどんなに不安だったかということに目を向けない限り、新しいスキルを使いこなすことはできないでしょう。

頭や理屈では、望む結果を手にするために何をすればいいかわかっていても、奥にある感情が新しい行動をじゃまするのです。かつての行動パターンの背後にあった感情の問題に取り組まないと、新しいスキルを手にしても行動がついていきません。ですからまずは、最初の三つのステップで古い信念や怖れに向き合って、新しい行動やスキルを支えてくれるような新しい信念を創り出すのです。

子ども時代におとなのスキルを学んでしまう

問題を抱えた家庭に育つ子どもは、実際のところ、かなりのスキルを身につけます。彼らはしばしば、他の子どもが学ばないようなスキルを学ぶのです。ほんの小さな頃から料理ができるようになる子どももいます。感情をコントロールするのが非常に得意な子どももいます。周囲の様子にとても敏感になり、人の心配事や嘆きを聞いてあげるのがとりわけ上手になる子どももいます。どうにか工夫して問題を解決し、何でも人に頼らず自力でやったりもします。

まるでおとなのスキルを持っているかのように数々の状況に対応してきたわけですが、それでも私たちは、子どもだったのです。あいにく、家族の問題状況の中で私たちが学んだスキルや行動は、年齢からすると早すぎたし、怖れや自己否定感を土台にして身につけたものです。こんな場合、自分がニセ者を演じているかのように感じるでしょう。それに、こうしたスキルは自分からすすんで学んだものではなく、目の前の必要性に迫られて選択の余地なく身につけたものなので、当時は他の解決法を考えつく余裕などなかったはずです。そのため、おとなになってもたいていは、同じひとつのやり方にしがみつく結果となります。

そんなわけで、今の私たちにはスキルがあっても、柔軟性はないのです。私たちは何をやるにつけ、切迫した感じになります。「このことを片づけてしまわなければ。きちんと正確にやっておかないといけない。間違いはおかせない。ミスをしてしまったら、何かまずいことが起こるだろうから」というように、急き立てられてしまうのです。

子どもが学ぶ必要のある行動やスキルをいくつかあげておきます。あなた自身の体験と照らし合わせてください。

- 助けを求める
- 限界を設ける
- 自分の価値や感情・ニーズを確認する
- 質問する
- 問題を解決する
- 話を聞く
- 適切に感情を表現する
- ノーと言う
- 自分から行動を起こす
- 交渉する
- 責任をとる
- 遊ぶ

あなたが子ども時代に身につけたスキルをあげてください。続いて、身につけてこなかったスキルをあげてください。ここにあげたのはとても基本的なスキルですが、おとなとしてもっと複雑なスキルに取り組むためには欠かせないものです。

おとなにとってスキルを持っているのは当然と思われがちですが、身につけるチャンスがなかった人もいます。子どもの頃や思春期にスキルを学んでいないと、成人してから自分が「おとなのふり」を装っているような感覚に襲われるはめになります。ちゃんとできているのだろうかという不安、変化への怖れ、解決しなければならない問題を前にして怖じけづく気持ちを隠そうとし、自分の「力不足」をさらす事態にならないよう、周囲の状況をこそこそと調整することに莫大な時間とエネルギーを費やしてしまうのです。

今まで学んでこなかった基本的なスキルを、あなたは今から学ぶことができます。大切なのは、自分が何を学ぶ必要があるかに気づくことです。

新しいスキルを学ぶことにともなう感情

新しいスキルを学ぶことは、情緒というより行動の問題ですが、それでも他のステップと同様、そこで生じてくる感情もあります。新しいスキルを試したり、新たに知ったやり方で他の人とつきあおうとすれば、自信のなさでまごまごしたり、いかにも不慣れで落ち着かないなどの感情をおぼえるでしょう。

おとなの今になって基本的なスキルから学び直さなければならないことは、さまざまな痛みの感情を引き起こします。こうした感情がやってくるたび、できる限り、立ち止まってそれに注意を払わなければいけません――痛みを尊重してください。必要なのは次のことです。

❶ 感情を感じる。

❷ 痛みがどこからやってくるのか見きわめる。

❸ その場で感情を表現する。すっかり習慣になるまで、意識的にこのプロセスを繰り返す。安定して自分のニーズを満たせるようになるまで。

次の質問を手がかりに、自分の感情を探り、痛みに目を向けてみましょう。

・あなたが決断を下すことを学ぶプロセスにいるのなら、おとなの今になってこのスキルを学ぶことに、どんな感情がわいてきますか？　怖れ？　怒り？　悲しみ？

・あなたにとって大切な人――家族、友人、パートナー――の話を聴くことを学んでいるところなら、これまであなたが耳を貸さなかったことで生じた問題についてどんな感情がわきますか？　悲しみ？　罪悪感？　後悔？

・あなたが自分のニーズを見分けようとしているなら、そのことでどんな感情がわいてきますか？　混乱？　不安？　自信のなさ？　怖れ？

・自分のニーズがはっきりしないということは、ニーズを満たせていなかったということです。人との関係で自分のニーズを満たそうとすると、どんな感情がわいてきますか？　怖れ？　混乱？　不安？

こうした感情は、多くの痛みをともなうものです。スキルを身につける練習をし、自分を大切にしようとすると、まるで文字を習い始めたばかりの子どものようにわからないことだらけだと感じるかもしれません。

忘れないでほしいのは、「これぐらいできるべきなのに」と自分を叱りつける必要はないということ。たぶん子ども時代には、そのスキルを学ぶことは安全ではなかったし、学ぶための手本となる人もいなかったのでしょう。あなたはその状況の中で、できる限りのことをしてきたのだし、欠けているスキルがあるなんて、ずっとあとにならなければ気づくのは無理だったのです。

回復上の課題に4ステップを使う

ここまでに述べてきた4ステップは、回復プロセスで出会うさまざまな問題に取り組む際に役に立ちます。例として、子ども時代の体験のために「ノーと言う」ことが難しい場合を考えてみましょう。それは次のようなプロセスになります。

ステップ１＝過去の喪失を探る

子どものとき、どんなことでノーと言われましたか？

誰からその言葉を聞きましたか？

その体験によって、あなたは自分の価値についてどう判断しましたか？　親から大切にされているかどうかについて、どう判断しましたか？

子ども時代にあなたがノーと言ったとき、どんなことが起こりましたか？

そのことであなたはどんなふうに感じましたか？

ステップ２＝過去と現在をつなげる

過去の体験は、今の生活のさまざまな分野にどのように影響していますか？

どんなとき、ノーと言うことが難しいですか？

あなたがノーと言おうとすると、どんな感情がわいてきますか？

ステップ３＝取りこんだ信念に挑む

あなたの中にある、ノーにまつわるメッセージは？

そのうち、あなたの役に立つ信念があれば、自分のものとして選びとりましょう。

あなたを傷つけているメッセージは捨ててしまってください。
ノーという言葉について、肯定的な信念を創りあげてください。たとえば「断わっても相手に嫌われるとは限らない」「要求にノーと言うのは相手を拒絶することではない」「したくないことにノーと言うのは自分を守ること」など。

ステップ４＝新しいスキルを学ぶ

どんなときにノーと言いたいか、はっきりさせましょう。
やさしいものから一番難しいものまで、順番をつけてください。
もっともやさしいものから、次第に難しいものへ、ノーと言う練習を重ねましょう。

次は、「自分から行動を起こすのが難しい」という問題に、４ステップを使ってみます。

ステップ１＝過去の喪失を探る

子どものとき、あなたが自分で何かを始めようとすると、どんなことが起きましたか？
どんなことになるのを、あなたは怖れていましたか？

ステップ2＝過去と現在をつなげる

今も行動を起こせずにいることで、生活のさまざまな分野はどんな影響を被っていますか？

もし行動を起こせたら、あなたの生活はどのように変わると思いますか？

ステップ3＝取りこんだ信念に挑む

子ども時代に、自分から行動することについて、どんなメッセージを受けとりましたか？

あなたにとって害になるメッセージは捨ててしまってください。

受身のままでいるのではなく自分から行動するための支えとなるような、新しい信念を創りだしましょう。たとえば「やってみなければわからない」「私にはきっとできる」「失敗してもそこから学べばいい」など。

ステップ4＝新しいスキルを学ぶ

どんな分野でもっと自分から行動できるようになりたいか、はっきりさせましょう。

もっとも簡単（安全）なものから、もっとも難しくて恐れを感じるものまで、順番にリストアップしてください。

一番安全なものから始めて、自信をつけながら、難しいものへと移っていきましょう。

回復は、急には進みません。自分にやさしくしてください。自分を信じ、認めてあげましょう。回復のプロセスを歩むことで、あなたは自由へと向かっているのだということを忘れないでください。

この章を読みながら、自分の通ってきた道筋が確認できた人もいると思います。また、今から専門家のもとで回復を進めていく人もいるでしょうし、自助グループの中でやっていく人もいるでしょう。それには一定の期間が必要ですが、完ぺきにやりとげなければと考える必要はありません。このステップは一度最後まで行けばそれで終わりというものではなく、自分の課題に気づくたび、何度でも使えるものだからです。

ステップの意味が実感でき、自分の中である程度の手ごたえが得られたなら、インナーアダルトを育てる次の章へと進んでください。そこでも、同じ4ステップを使います。

4章 インナーアダルトを育てる

自分を支える5つの力を手にする。それはあなたを守り、輝かせてくれる亡くなった俳優のアンソニー・パーキンスは、四十歳になるまで女性が怖かったと自分のことを語っていました。彼は弱点となっていたこの怖れ（彼はそのことで、支配的な母親を真っ向から責めていたのですが）を克服するため、何年もセラピーに通ったと言います。

「母は怒りっぽかったわけでもないし、いじわるだったわけでもありません。ただ、非常に意志が強くて、私の上に君臨していたというか……とにかく私の生活のすべてをコントロールしていたんです。私がどう考えるべきか、どう感じるべきかということもね。『何の本を読んでるの？』『あら、どこへ行くの？』。母としては責任を果たしているつもりだったのでしょうが、実際にやっていたのはコントロールだったんですよ」

テレビ俳優でタレントのスザンヌ・ソーマーズは子ども時代のことをこう綴っています。

「私が生まれた日、父はべろべろに酔っていたそうです。当時、父はすでに『嫌われ者』でした。自己嫌悪の裏返しで周囲を攻撃していました。学校の行事に姿を見せたと思ったら、シスターに向かって卑猥な言葉を投げつけたり、日曜の礼拝でもたびたび、司祭の説教の間にまぎれもない父の声が教会の後ろのほうから聞こえてきたものです。大声で司祭をののしる声が。私は赤面し、父の起こした騒ぎが自分の過ちみたいに感じて身の置き所がありませんでした」

この二つの話は、子どもがまさに自分というものの感覚や自分の価値を育て始めるはずの時期に、人としての境界や存在そのものをおびやかされるような家庭環境を描き出しています。

その年代の子どもは世界中どこでも、次のような疑問に答えを出そうと必死なのです。

「私は誰？　私はお母さんという人間の延長？　お父さんの所有物？　それとも別の人間？」

「私には価値がある？　私は愛されている？　私は好きになってもらえる？」

「私は何を考えて、何を感じている？　私が内心の不安を親に話したら、どんなことになる？」

「どんなときノーと言っていいんだろう？　それとも好きでいてもらうためにはいつもイエスと言わなきゃダメ？　だってもしも私を好きでいてくれなかったら、おまえなんか知らないよと言われてしまうだろうし、親に捨てられたらきっと私は生きていけない」


こうした核心的な問いかけは自己というものの感覚をつくりますが、この問いに対する答えは、周囲にいる人がその子をどう扱うかによってかなり決まってきます。冒頭にあげたような家族では、子どもたちは周囲から否定的な答えや混乱したメッセージを受けとったり、あるいは何の答えももらえないという最も力をくじかれる扱いを受けます。大好きで、生きていくため頼りにしている相手から何も返ってこなければ、この問いかけは灯りのない自分の内部でこだまし、子どもは幼い理屈を総動員して答えを探り当てるしかなくなるのです。

愛して慈しんでくれる母親や父親と出会った子どもは、大切にされた記憶を内面に取りこんで、それをもとにして自分自身に対する基本的な考え方や態度を形づくります。もしそれがないとしたら、今からこうした考え方や態度を自分で学んでいけばいいのです。自分の内面にある、自分を支える環境――それがインナーアダルトであり、核となる5つの力によって育っていくものなのです。

生き方を変えるのは、別の人間になることではありません。あなたが変えるのは、特定の考え方と行動。つまり自分への見方と、痛みを手当てする方法を変えるということなのです！

「おとな」としての土台

3章でお話しした回復の4ステップは、自分の人生を過去から現在へと時間軸で見ていく作業です。これは、布にたとえると縦糸のようなもの。一方、この章で行なうのは、「今、ここ」に焦点を当てた作業。いわば、横糸を毎日織りこんでいくような作業です。ご存知の方もいるでしょうが、布を織るときはまず縦糸をかけ、そこに一本一本横糸を織りこんでいきます。

インナーアダルトをつくる5つの力は、日々実践することで身につけていくものです。この力が育つことで、しっかりと自分の面倒をみることができ、自分を幸せにする責任を自分で負えるようになります。それこそが本当の意味で「おとなになる」ということ。世間で言うような「一人前の社会的責任を負う」こととは別の、自分で人生を選択する力なのです。

核となる5つの力

❶ 自分を認める力
❷ コントロールをある程度手放す力
❸ 感情を感じる力
❹ ニーズを見分ける力
❺ 限界と境界を設定する力

まず最初は、自分を確認し、ありのまま認めるところから始めるのがいいでしょう。それができると、コントロールを少しずつ手放す練習がより安全なものになるはずです。コントロールを手放すと、強烈な感情をどう扱ったらよいかという課題にすぐさまつきあたるでしょう。感情の正体をつかんでそれを表現するようになれば、自分のニーズに気づきます。ニーズを満たすためには、限界と境界を設定しなければなりません。こうやって取り組むことで、自分というものの感覚——自分は本当はどんな人間なのかということ——が育っていくのです。

自分の核となる強さを育てていっても、たとえばまだコントロールを手放すのが怖いと感じる場面はあるでしょう。困難な課題につきあたったときには、どうぞ自分の感情を受けとめてください。泣きたくなったときは、泣いたからといっておかしくなるわけではないということを思い出してください。怒りがわいてきたとき、自分を破壊しようとする必要はありません。自分が何を必要としているのか、見分けられるようになってください。

人は時として、すべての問題を一気に片づけなければという気になるものですが、それはまるで「感情の手術」や「考え方の手術」を医者の手もなく準備もなしに行なおうとするようなものです。こんなことをすれば、あまりの不安でこれ以上痛みの中を歩いていく努力をやめたくなります。自分の感情が怖くなり、もうリスクがおかせなくなるのです。一度にひとつずつ辛抱強く、安全に回復プロセスを進めてください。

5つの力は、それぞれ別々のままでは十分な強さを発揮しません。境界があって初めて自分のニーズをきちんと満たすことができるし、ニーズが満たされることでさらに自分の価値を確認できるというように、5つの力が組み合わさることでたくさんのことが可能になり、より自分らしく生きられるようになるのです。

自分を認める力

子どもは、親からの確認を必要としています。泣いているときに「悲しいんだね」と言ってもらうことは、自分の感情の確認となり、悲しんでいる自分を認めてもらえたという安心感となり、感情を出していいのだという確認になります。何かに失敗したとき「もっとがんばらなければダメ」と叱られるのでなく「がっかりしているんだね」「悔しいんだね」とまず認めてもらえることは、行動の結果にかかわらず、自分には関心を持ってもらえるだけの価値があるという確認になります。また自分の感じていることには意味があるという確認となるのです。そして何より「私はここにいていい」という確認となるのです。

だから子どもたちは、「お母さん、見て！」「お父さん、ほら、こんなにできたよ」と、絶えず確認を求めるし、自分の気持ちが混乱ししてつらいときにも、すり寄ってきたり、一見意味の通らないさまざまな言葉を並べて、必死に確認を求めます。こうやってたくさんの確認を得られた子どもは、自分のことを自分で認められるようになります。つまりおとなになって、他人からの承認に頼らずに自分の価値を確認でき、自分の感情を認めることができ、自分のニーズや欲求を認められるようになるのです。

けれども、ある子どもは、今日一日のことを話すのを楽しみに学校から帰ってきたのに、お母さんはソファで酔いつぶれていました。別の子どもは、うれしいことがあったのを早く報告したかったのに、お母さんは寝室に鍵をかけて泣いています。どちらの場合でも、子どもは気づいてもらえず、支えてもらえなかったり、確認がもらえなかったりします。子どものニーズは無視され、彼らが存在を認めてもらえるのは母親を気遣ってあげたときだけなのです。

また別の子どもは、とてもいい成績の通知表を家に持って帰ります。早くお父さんに見せたくてたまらず、お父さんからほめてもらいたいのですが、その夜お父さんは家に帰ってきません。やっと帰ってきたのは三日もたってからなのです。家族の誰か一人でも、その日に十三歳の男の子が通知表を持って帰るのだということを覚えていたでしょうか？　誰か一人でも気にかけていたでしょうか？　いいえ、みんなが気にかけているのはお父さんのこと——一体どこへ行ってしまったのか、何をしているのか、今度はどんな面倒を起こすのか、なのです。

子どもが自分の価値や自分の存在意義に気づいていくとき、その感覚を育てる材料となるのは他の人が自分に対してどんなふうに接するかということです。自分がかけがえのない存在であり、価値があり、大切なのだと保証してくれる言葉を、子どもは絶えず必要としているのです。その確認を得られずに育った人は、他人から認めてもらえるかどうか、他人が自分をどう思っているかどうかということを、非常に気にかけるようになります。

子ども時代に「何をやってもまだ足りないのだ」と思い知らされてきた人にとって、自分で自分を認めるのはかんたんなことではありません。今ではこの間違った思いこみを誰かから叩きこまれるまでもなく、私たちは心の中にそれを取りこんでしまっているのですから。そして自分に向かって同じメッセージを繰り返してきたのです。

私たちのほとんどは自分を厳しく批判する傾向があります。山を動かすぐらい画期的なことができない限り、決してこれでいいとは思えません。たとえ山を動かしたとしても、それを皆が見ていて拍手喝采してくれない限り、やはりこれでいいとは思えないのです。

人は回復において急ぎ足になりがちだということは、すでにお話ししました。何しろ私たちの人生は今まで極端さと非現実的な期待ばかりだったのですから、それも無理はありません。私たちはつい、「一か十か」の視点で（その間に二から九までの段階があることを忘れて）人生を過ごしてしまいます——自分のあり方も、感じることも、生き方も、オール・オア・ナシングで判断してしまうのです。回復とは、一か十かではなく、その間にたくさんの段階があると学ぶことです。あなたが完ぺきとはほど遠いからといって、失敗作だというわけではないのです。自分の力も、無力さも、ともに受け入れて生きればいいのです。

私たちには人として成長していく価値があるし、自分の成長を喜び自分のことを好きになるだけの価値があります。おとなになった今、あなたは自分を育てなおすプロセスのひとつとして、自分自身を確認する一歩を踏み出すことが必要です。人がありのままの自分を本当に認め始めたとき、外からの確認を求め続けなくてもよくなるのです。

自分で自分を認められるようになるのは、他人に依存しないですむためだけでなく、自分が回復のプロセスを進んでいることがわかるようになるためでもあります。自己確認ができるようになると、かつてとは違うやり方で行動している自分に気づけるようになるのです。自分が進歩していることがわかるし、よくやったと自分に声をかける気持ちになれます。希望が持てるようになり、進むべき方向がわかり、それが回復を続ける助けとなるのです。

子ども時代に親からの確認が得られなかったという喪失の状況を振り返り始めると、痛みに圧倒されそうになるでしょう。暗いトンネルに入りこんで、出口からさす光を探そうとする気持ちがくじけて、自分ひとりを残してトンネルが閉じてしまうかのように感じて不安になるのです。もしあなたがそんなふうに感じたときは、次のことを思い出してください。

自分が回復のプロセスにいることを確認するとき、あなたは自らの光で輝き始めています。あなたが自分を確認できるようになり、こんなふうに言えることを私は願っています。

「今日、人が私の意見を聞いて、私は意見を言った。この私が！　今までは自分の意見を持っていいなんて思えなかったのに。今の私には自分の意見がある」

「今日私は腹が立って、そのことにちゃんと気づいた。昔だったら、何か感じているとわかるまでに六年かかって、それが怒りだとわかるにはまた二年かかったのに」

「私は昼休みを全部仕事でつぶしたりしなかった。仕事をしたのは昼休みの半分だけ」

「今日、人にほめられた。私はありがとうと言って、『そうですか、でも……』とは言わなかった」

完ぺきかどうか、正しいかどうかを判断するのではなく、ありのままの自分を確認し、自分の進歩を確認することが大切です。小さな一歩を進めるたび、自分に拍手してください。毎日必ず立ち止まって、ちょっとした成功に気づく時間をとってください。まだ変えられずにいる部分にとらわれないように。今起こっている変化に焦点を当てるのです。

さあ、今から始めます――この本を置いて、立ち上がって、自分に拍手しましょう！

これから毎日時間をとって、自分を確認できることを少なくとも三つ探してください。前にあげた例のように、何か新しい行動ができたこと、自分に対して肯定的な態度がとれたこと、自分の力を発見できたこと、価値を感じられたこと、ここにいていいと思えたこと……。こうして自分を認めることを習慣にするのです。

自分を確認するという課題に、回復の４ステップを応用した例をあげておきます。

ステップ1　子ども時代にあなたが親からどんな確認を得たか、あるいは得られなかったかを思い起こしてください。そのとき、どのような気持ちになりましたか？　こうした体験にともなう痛みを感じてください。

ステップ2　子ども時代の確認にまつわる体験が、今あなたが自分を確認しようと思う意欲や能力にどのように影響しているか、はっきりさせましょう。

ステップ3　自己確認ということについて、あなたが心の中に取りこんでいる信念を見つけてください。こうした信念は今のあなたに害を与えていますか、それとも助けになっていますか？　手放したい信念と、持ち続けたい信念とを区別しましょう。

ステップ4　自分を確認する練習を始めます。たとえば次のように繰り返してください。「私はたくさんの考えや感情を持った一人の人間だ。私は自分を受け入れ、愛する――私の身体も、考えも、感情も。自分に価値があることを私は知っている」

あなたに合った、自分を肯定する言葉（アファーメーション）のリストを作りましょう。それをいつも持ち歩いて、一日に何度か取り出して読んでください。もはやそのリストが必要でなくなって、自己確認の力を自然に使えるようになったとき、あなたは自分が好きになっていることに気がつくことでしょう。

コントロールをある程度手放す力

この項目の「コントロール」という言葉は、ほとんどの人がよく知っているでしょう。けれど私たちは、「ある程度」という言葉の意味がつかめません。コントロールというのは、できているかできていないかのどちらかに思えてしまうのです。

コントロールを「すべてか無か」で考えてきた私たちの経験からいえば、それを手放す気になど到底なれないでしょう。手放すとは「コントロールを失う」ことと同じだと信じこんでいるからです。自分をとりまく環境があなたに及ぼす力をコントロールしようとするのは、生きのびるためのメカニズムです。それは身体的な意味での自衛手段でもあるでしょう。そして、子ども時代のあなたにとって生きる意味を与えてくれるものでもあったのです。物事をコントロールしようとする態度は、不安定で予測のつかない家族の生活に秩序と安定をもたらそうとする試みです。子どもがどうしていいかわからず、無力感や怖れに圧倒されそうなとき、コントロールというのは力の感覚を与えてくれます。

子どもが身につけるコントロールの方法は二つあります。ひとつは外面のコントロール。つまり自分の周囲の物事に対して支配権を握ろうとすることです。もうひとつは内面のコントロール。自分の感情や望みを抑えこんで不都合を起こさないようにすることです。

ある子どもたちは外面をコントロールすることで、生活の中の問題をなんとか切り抜けようとします。自分やきょうだいに対して親代わりとなって物事を処理しようとしたり、中には母親や父親の親代わりをする子どももいます。

ティムは十一歳のとき、弟や妹がベッドに入る時間を管理していました。寝る前にちゃんとお風呂にも入らせていました。文字通り彼の責任で面倒をみていたのです。朝になると、学校に行く前に弟たちの昼食が準備できているかどうか確かめるのも忘れませんでした。

十歳のポールは、父親が毎晩のように車のエンジンをかけたまま家の正面に置きっ放しにするので、自分で車を動かしてガレージに入れていました。近所の人からあの家は何か問題があると思われるのが嫌だったのです。

こうやって子どもたちは、生活の中に秩序と安全をもたらそうと全力を尽くします。他の人をコントロールし、物事をコントロールし、その場をコントロールしようとするのです。

多くの子どもたちは、外面のコントロールと同時に、自分の心の中にある目に見えないものもコントロールしようとします。自分の感情を抑えるのが非常に上手になる子どももいます。こうやって感情の切り捨てが始まるのです。

「怒ってなんかいない。どうしていちいち怒ることがある？　どうせ前にもあったことだし」

「別に恥ずかしくなんかない。もう慣れてしまったもの」

「ううん、悲しくなんかない。この前私が泣いたら、散々ひどいこと言われたじゃない」

ニーズを抑えて、何かを期待したりほしがったりしなくなる子どもたちもいます。

「別に友だちの家に行かなくたっていい。だって、誰が妹の面倒をみるの？」

「誕生パーティがなくたってかまわない。どうせお父さんはいてくれないんだし」
「お母さんがＰＴＡの集まりに出てくれなくたっていい。この前に来たときは、ひどいことになったもの」

これらは目に見えない内面でのコントロールです。望みや感じていることを抑えこむよう自分をコントロールすることで、これ以上の痛みに直面しないよう防衛しているのです。

孤独の中に閉じこもることで自分をコントロールする子どももいます。片隅に身をひそめて本を読むのです。自分の部屋で想像の世界に浸ったり、十代になるとなるべく家にいないようにしたりします。彼らは人づきあいを避けてこんな境界をつくるのです。「私に近づくな。あなたなんて必要じゃないし、一緒にいてほしいとは思わない。私がつらい感情を見なくてすむように、一人で安全にできることをさせておいて」。

子ども時代の体験によって、その人のコントロールの強さや方法は異なります。けれど私がたくさんの人に出会ってきた中で、いつでも次の点は共通していました。

❶　身体的、情緒的に家族の中での混乱がひどいほど、子どもはあらゆる面でのコントロールの必要性を強く感じる。

❷　家族の問題状況がより早いうちに始まって進行した場合ほど、子どもは外面よりも内面を

コントロールするようになる。

❸ 家族の中で外面の問題をコントロールしている子どもがすでにいる場合、別の子どもはその必要がないため、自分の内面をコントロールするようになりがち。

❹ 外面をコントロールする人は自分の内面もコントロールする。ただし逆は成り立つとは限らず、内面だけをコントロールする人もいる。

子ども時代の私たちにとって、外面のコントロールも、内面のコントロールも、生きのびるための努力でした。その環境の中では、意味のあることだったのです。

残念ながら、今でもコントロールの必要性に駆られていることによって、おとなとしての生活に問題が起きています。私たちは何年もの間、自分を守ろうとして過度に警戒し、他人や自分をあやつろうとしてきました。他人へのコントロールは、「こうしろ」と命じるあからさまなものに限りません。親切をよそおったり、犠牲者を演じたり、不機嫌な態度をとることで、相手を動かそうとすることもあります。私たちは自分の物の見方にこだわって視野が狭まっているため、他の人から見れば明らかなことがわかりません——自分ががんこで、権威主義的で、要求が厳しく、融通がきかず、完全主義になっているということが。私たちは他の人が言うことに聞く耳を持ちません。会話でも人間関係でも相手を締め出しています。助けを求めようとしません。他の選択肢が考えつかないのです。

私たちは安全を確保することに目を奪われて、しばしば自分の内面はお留守になり、怖れと自己否定感でいっぱいになって、おなじみの手段に頼ります――コントロールです。けれどその結果は、私たちが望んだものとは逆です。ニーズは満たされません。人間関係はバランスを失います。結局は、警戒しすぎて疲れきってしまいます。けれど悲しいことに、他にどうやっていいのかわからないのです。物事が正しく進んでいくように必死になっているのに、なぜまずいことになるのかわからなくて混乱しながら、うつの波に襲われたり、悲しみや痛みに対処するための不健康な方法に頼ってしばしば何かに依存したりします。

子ども時代に自分の生活をコントロールしようとしていたことに気づかない人もいて、そんな人はよく、親がいかに自分をコントロールしようとしたかという話をし、自分はその犠牲者なのだとほのめかします。こうした人は、おとなになって次の二つのいずれかの態度をとるようになります。ひとつには犠牲者の立場をとり続けて、自分をコントロールしようとする相手と関係をつくること。もうひとつは管理者の不在を埋めるように自分で自分の生活のあらゆる面をコントロールしようとすることです。後者の人たちの多くは、外から見ると明らかにイライラしていますが、自分では怒りの感情に気づいていません。ほとんどの場合、これは自分をコントロールしていた親との関係に対する怒りです。

長いこと続いていた親のコントロールに対して、おとなはさまざまな形で反応します。たとえば摂食障害の人は、自分が何を口に入れ、何を入れないかコントロールすることで、それまで虐待に近いコントロールの中で無力だった自分を埋め合わせようとしているのです。別の例をあげるなら、異性の親から強いコントロールを受けたことへの怒りから、パートナーを支配するような関係をつくることがあります。女性の場合で言えば、父親からコントロールされたことへの怒りを、夫を支配することで表現するのです。

コントロールを手放すことが怖い理由

コントロールを手放すには、私たちがどんな信念にとらわれているのかを知り、その信念が正しいかどうか再検討する必要があります。

「子どもの頃に物事をコントロールせずにいたらどんなことになると怖れていましたか?」と聞いてみると、返ってくる答えは、痛みをともなうあらゆる記憶を含んでいます。

- ◆混沌、混乱
- ◆ひとりぼっちになる
- ◆ののしられる
- ◆見捨てられてしまう
- ◆気づいてもらえない
- ◆怒り・怖れ・悲しみがもっとひどくなる

◆ぶたれる
◆いらない存在だと思われる
◆死にそうになる、死んでしまう

そうやって信じこんだことは、おとなになっても消えてなくなりはしません。三十五歳になっていても、コントロールを失いそうになると、それは子ども時代を映し出す体験として感じられます。誰かがぶたれるかもしれない、見捨てられるかもしれない、あるいは死んでしまうかもしれないと。

よく人は、そんな子ども時代の考え方など今となっては意味をなさないに決まっているじゃないかと言います。あなただって「おとなというものは、もっと理性的に考えるべきだし、そんなことを怖れるのは子どもっぽすぎる」と思っているかもしれません。私たちは、こうした怖れを意識してはいません——感情の深い部分に刻まれ、手の届かないところにしまわれていたのです。でも、そこに目を向けるときです。かつて自分にとってコントロールが何を意味していたのかを探り、それを適切な視点で見直すのです。

座り心地のよいイスに腰かけ、リラックスしましょう。深くゆっくり呼吸してください。脚や腕を組まずに、そっと目を閉じて、子ども時代を思い起こしてください。

あなたがどんなふうに外面や内面をコントロールしていたかに気づき、次のように言葉にしてみましょう。いくつでも思いつく限りあげてください。

「あの頃の私にとってコントロールを手放すというのは、…………になってしまうことを意味した」

もしこれが難しければ、具体的にあなたがとっていたコントロールの行動（こうした行動は自分を守るために身につけたものですから、自分が悪いのだと思わないでください）を手がかりにやってみるといいでしょう。たとえば次のように。

「母親の面倒をみないというのは、…………になってしまうことを意味した」

「買物をしないでいるというのは、…………になってしまうことを意味した」

「感情を抑えずにいるというのは、…………になってしまうことを意味した」

こうした言葉を繰り返すことで、自分の深い部分に誠実に目を向けることができます。

では、今のあなたにとって本当にコントロールが当時と同じことを意味するのかどうか、自分に問いかけてください。

コントロールできることと、できないこと

私たちは、物事を「すべてか無か」「一か十か」で見がちです。ですから私たちの人生では、

完ぺきにコントロール権を握っているか、あるいはコントロール不能におちいっているか、どちらかになってしまうのです！　手綱をしっかり握った状態が保てなくなると感じるや否や、私たちは緊急発進し、あらゆる手段を駆使してコントロールを取り戻そうとします。

けれど私たちには、ある程度コントロールを手放す力が必要です。「ある程度」という言葉に注意してください。コントロールは「すべてか無か」の問題ではないのです。

12ステップのプログラムを使っている人は、これが「無力を認める」という第一のステップと何ら矛盾しないことがわかるでしょう。無力を認めるとは、コントロールできないものをコントロールしようとする努力をあきらめること。これは、「平安の祈り」とも似ています。

神様、私にお与えください。
自分に変えられないものを受け入れる落ち着きを。
変えられるものは変えていく勇気を。
そして二つのものを見分ける賢さを。

自分がコントロールできないものを受け入れるというのは、生活に秩序をもたらす努力をあきらめることではありません。ただ、誰にもコントロールできないことを自分だけはできるかのような幻想を持つのをあきらめればいいのです。コントロールできないものを受け入れることは、不必要な努力をやめることでもあります。

明らかに私たちのコントロールが及ばないことはあります――太陽を昇らせることはできないし、雨をやませることもできません。それでも雨水を流す排水路をつくることはできます。あらゆる努力をしたにもかかわらず、水があふれて家が流されてしまうこともあるでしょう。悲しいけれど、どうしようもないことと受け入れるしかありません。「私が雨を止めていさえすれば」と考えて罪悪感や自責感に駆られるような混乱におちいったりはしないものです。

けれど生活の他の面では、すぐに混乱が起こります。私たちが何かを強く望むとき、そのことに自分の命がかかっているかのように思ったり自分の価値がかかっていると思いこんでしまい、「どうしてもそうならなければいけないのだ」と信じるようになります。この考え方には、自分にはそうすることが「できる」はずだという信念が含まれるのです。

「私はどうしてもあの人に愛されなければいけない」と考えることは、二重の意味で誤りです――あなたはその人の愛がなくても死にはしないし、雨を止めることができないのと同じように誰かがあなたを愛するようにすることもできません。それでも、何かがほしいという思いにとらわれすぎると、これがわからなくなってしまうのです。

親も同じです。「うちの子はいい子でなければ」「うちの子は一生けんめい勉強しなければ」

という信念に続くのは「……だから私は必ずそうなるようにしなければ」です。けれど、結果が出るのは慈しまれ励まされることによってで、コントロールによってではないのです。

生活を秩序立てようとする努力が無駄というわけではありません。少なくともある程度の時間における、ある程度の秩序は欠かせません。けれど私たちはしばしば、生活のすべての面や周囲の人みんなの人生をコントロールしなければという思いに駆られてきたのです。

何はコントロールできて、何はできないかについて、アーネスト・カーツはこんなふうに言っています。（『The Spirituality of Imperfection』より）

ベッドに入るかどうかはコントロールできる。
　眠りはコントロールできない。
本を読むことはコントロールできる。
　理解するかどうかはコントロールできない。
遊びを始めることはコントロールできる。
　ゲームに勝つかどうかはコントロールできない。
知識を蓄えることはコントロールできる。
　知恵を得るかどうかはコントロールできない。

コントロールできることとできないことの違いを学ぶのは、自分の限界を受け入れる第一歩です。私たちは神ではないし、全能でもありません――ただの人間であり、その力はおのずと限られたものなのです。コントロールを手放すのは、自分はすべての答えを知っているべきだという幻想を放棄し、あらゆることを管理しなければという思いを放棄することです。過去は変えられないという事実を認め、未来をコントロールする力を持たないことを認めましょう。私たちに残されているのは、今ここにある現実の暮らし。「今、ここ」に生きることなのです。

手放すことで何が得られるか

回復の途上にある人たちに、コントロールを手放したことで何が起こったかを聞いてみると、こんな答えが返ってきます。

◆心の平和、平安
◆人の話が聞けるようになった
◆自分を信頼できる
◆自発的になる
◆気力がわいた
◆自分や他の人と親密になれる
◆リラックス
◆自分の気持ちに耳を傾けられる
◆怖れがなくなる
◆楽しめる、遊べる
◆今の感情がわかる

これらが、手放すことで得られるごほうびなのです。
コントロールを手放すのは、一度に身につけられることではありません。気持ちの上で安全だと感じられる分野から練習をすることです。どの店で買物するかを成り行きに任せて「手放す」こともできるし、どの映画を観るかについてこだわるのをやめたり、旅行の交通手段を誰が決めるかにこだわるのをやめることもできます。練習を重ねるにしたがって、徐々に痛みをともなう分野についてもコントロールしようとしなくなり、たとえば過去を埋め合わせようとすることや、現在の自己破壊的な行動も、手放すことができるようになるのです。
コントロールの課題に回復の4ステップを応用する例をあげておきます。

ステップ1　あなたがどんなふうにコントロールの行動（外面でも内面でも）を身につけたかを思い起こし、そのときの感情を、当時は表現しなかったものも含めて、思い起こしてください。当時の痛みを感じてください。

ステップ2　過去の体験が現在のあなたや、あなたの人間関係にどんな影響を与えているか確かめましょう。

ステップ3　コントロールの必要性について、あなたが心に取りこんだ信念を見つけ出してください。それは今のあなたにとって害になっていますか、助けになっていますか？

あなたが手放したいものと、これからも持っていたいものとを見分けましょう。

ステップ4 あなたの生活の中で、コントロールをある程度手放したい分野はどこか、考えてください。比較的安全な（やさしい）ものから、怖さを感じる（難しい）ものまで順番にリストアップします。一番安全なものから始めましょう。それを信頼できる人と分かち合ってください。その人とともにプロセスを歩んでください。

感情を感じる力

自分の内面をコントロールする努力をやめると、私たちはさまざまな感情に気づき始めるでしょう。どんな感情でも、次の三つの点から眺めてみることが必要です。

- その感情への怖れ
- 感情の正体を見分ける
- 感情を表現する

感情を怖れ、その正体を見分けられずにいる人は多いのですが、自分が何を感じているのかはっきりわかっている人もいます。ただしそれはたいてい、中心となるひとつの感情が存在する場合です。ある人にとって、人生で知っている唯一の感情は怒りであり、別の人は悲しみしか知りません。「自分にはどうしようもない」という無力感だけを意識している人もいます。

中には「愛に満ちた」生き方をしているように見える人もいます。決して怒らず、悲しまず、不安におびえることもないかのようです。彼らはいつも物事を受け入れ、愛し、理解にあふれているのです。けれど本当は何が起こっているのかといえば、この人たちは怒りや悲しみなどの感情を首尾よく隠していて、けれどときたま、葬ったはずの感情が表面に現われるために、怒りを爆発させたりうつになったりするのです。

イラつきも、怖れも、悲しみも、喜びも、どんな感情であれ自分のものとして受けとめることができたとき、私たちは愛を生きることができるのです。回復とは、さまざまな感情に気づくようになり、適切に表現する方法を学ぶことでもあるのです。

どんな親でも子どもにとって完ぺきな手本となることはできませんが、問題を抱えた家族の親たちは、中でもゆがんだ模範を示してしまいます。それは真実を見ることを拒み、たいがいの場合、プラスの感情もマイナスの感情も健康的に表わすことができない態度なのです。私たちはしばしば、誰かが怒り狂ったり、むっつりと立ち去ったり、怖れや困惑に押しつぶされるさまを目にしてきました。親たちは何度となく、ある感情を別の感情へとすり替え、たとえば本当は怒っているのに悲しんでいるように見せたり、あるいは逆のことをしたりしました。また、子どもが怖がっているときに、こんなことが怖いはずがないと言い聞かせることで、さらに子どもを混乱させました。そして、子どもには怒りを感じる権利などなく、ひたすら感謝すべきなのだと教えたのです。

私たちは親を無条件で好きでいたいと思っていました。でも何かが起こり、あまりに傷つけられたために、親のことが完全に好きではいられなくなったのです。そして私たちは混乱と罪悪感の中に取り残されてしまいました。ゆがんだ感情表現の中で暮らしていたために、子どもの私たちはそれを目にし、身につけ、同じパターンを繰り返すようになったのです。

感情への怖れ

感情が表現できるようになるには、表現したら何が起こるだろうという自分の怖れと向き合う必要があります。別の言い方をしましょう。もしあなたが母親のことを嫌いだと言ったり、父親が自分を置いて行ってしまったと言って泣き始めたら、どんなことが起こるだろうと怖れていますか？　多くの場合、それは次のような怖れです。

①相手が私を好きでなくなる　②本当は私がどんなによくない人間か知られてしまう　③弱い

人間だと思われる　④もろいダメな人間だと宣告される　⑤そんなふうに感じる理由などないと言われてしまう　⑥自分がコントロールできなくなる

確かにかつて、こうした怖れは現実的なものでした。あなたが自分の感情を正直に口に出すと、親や、あなたの面倒をみてくれた人たちは拒絶反応を示し、そのためあなたは見捨てられたような気分になったでしょう。「今でも同じだろうか？」と自分に聞いてみることが必要です。私たちはときとして、十年、二十年、あるいはそれ以上も前のことなのに、一度も問い直さずに同じ怖れを抱いたまま行動していることがあるのです。

もしも今、誰かに向かって感情を表現し、否定的な反応が返ってきたとしたら、自分にこう聞いてください。「私は他人の判断を信じたいのだろうか？」。それともあなたは、自分を確認し、自分の内面の判断を信頼し、肯定的な自己評価を強めたいですか？

感情の正体を見分ける

感情表現を許さない家族のシステムの中で育った人は、握り締めたこぶしや固い腕組みが怒りのサインだということさえ、なかなかわからなかったりします。感情を探るプロセスを始めたばかりの人に何を感じているかと聞いて、「わかりません」という答えが返ってくるのはめずらしいことではありません。多くのセラピストが、これを反抗と受け取ってしまいます。でも私の経験では、おそらく本当にわからないのです。これは心理的な麻痺状態、あるいは凍りついた感情とでも言うべきものです。

感情は、私たちが何を必要としているかを教えてくれる手がかりです。たとえば、あなたが何か心地悪い感じがし、今何を感じているのだろうと自分に問いかけてみたら、寂しいのだとわかったとします。どんなときに寂しくなるのかを知っておくことは大切です。それができれば、その感情に今、対処できるからです。けれどあなたが自分の感情に耳を貸さず、きちんと応えなかったなら、その心地悪さを仕事のし過ぎや過食など建設的でない方法で埋めることになるでしょう。

感情はまた、私たちの安全を保つ境界を設定するための指針にもなります。いやな感じがしていると気づくことで、相手と距離をとったり、要求に対してノーと言ったりできるのです。あなたがどのようにして感情を埋め合わせる習慣があるかを知っておくことは、感情を見分ける役に立ちます。というのは、こうした埋め合わせの行動は、自分が何を感じていて何を必要としているのかを示す手がかりになるからです。たとえば、悲しさを埋めるために過食していたと気づくことは、感情への対応を変えるチャンスとなります。

感情を表現する

感情を表現することで、他の人とつながり、きずなを育てることも可能になります。親密さを体験することができるのです。感情は、人生を意味あるものにするために重要で欠かせないものです。ただし、自分が感じるすべての感情を人と分かち合う必要はありません。大切なのは、何かを感じたときにそれがどんな感情なのかわかることであり、自分の感情とともにいられることであり、その感情を誰かと分かち合うかどうか、そして誰と分かち合うのかを、自分で決められるということです。

感情というテーマに回復の４ステップを使う例をあげておきましょう。

ステップ1　子ども時代に感じた感情を思い起こして、そのうちどんな感情は表現しても大丈夫だったか、どんな感情は表現できなかったかをあげてみてください。安全でない感情を表現しようとすると、どんなことが起こったでしょう。あなたは、何が起こるのを怖れていましたか？　表現できない感情をどうしていましたか？　あなたが気づいたことを信頼できる人と分かち合ってください。この体験を思い出したことによる痛みを、止めずに感じてください。

ステップ2　子ども時代の体験が今のあなたにどんな影響を与えているか、考えてみましょう。

ステップ3　感情というものについて、あるいは特定の感情について、あなたが心に取りこんだ信念をはっきりさせましょう。こうした信念は、今のあなたにとって害になっていますか、助けになっていますか？　あなたが手放したいものと、これからも持っていたいものとを見分けましょう。

ステップ4　さまざまな感情を書き出したリストをつくってください。毎日時間をとって、立ち止まり、リストを取り出して、今感じているのはどの感情か自分に聞きましょう。その感情を分かち合える相手はいますか？　つらい感情を感じているとき、誰かと分かち合う以外にも、日記を書く、リラクゼーションのエクササイズをするなど、自分をケアするためにできることはありますか？

ニーズを見分ける力

自分の感情がわかるようになると、ニーズに気づくこともできるようになります。問題を抱えた家族では、おとなは子どものニーズに注目しません。子どもも、まだ小さくて自分のニーズがわからなかったり、おとなの十分な支えが得られないため自分のニーズに目を向けられなかったりします。それに、他の人の面倒をみることで忙しすぎる子どももいます。

私たちの多くにとって、他人に注目することは自分を守ることでもあり、自分の存在意義のひとつでもありました。それはおとなになった今も続いています。その報酬は「もし自分に注目しなければ、無力感をさほど感じないですむ」ということです。けれど自分のニーズに気づかなければ、ニーズは満たされることがありません。だから落ちこんだり、怒りを感じたり、混乱するのも無理はないのです。「私？　ああ、別にいいんです。いいえ、何も必要じゃありません」と言い続けているのですから。私たちは、ニーズという言葉を口に出すとき、まるで別世界のものか、下品なものであるかのように感じるのです。

「ニーズ」という言葉の定義にひっかかる人もよくいます。小学校では、私たちには基本的なニーズが五つだけあると教えられます。空気、食べ物、着る物、住むところ、水です。それ以外のものはすべて「欲求」だとされているのです。これは身体的に生きのびることに限った話です。あなたが今建てなおそうとしている人生は、肉体としての存在だけを意味するものではありません——それ以上のものです。心理的、情緒的、社会的、そして魂の深い部分でのニーズは、人生に意味を与えるものです。

子どもが自分のニーズに関心を持ってもらえると、情緒的・心理的に成長していくことができ、おとなになって所属感を得たり、自分の価値と力量を感じることができます。けれどどうやって育てられたにせよ、今となってはあなたのニーズを満たすのは母親や父親ではないのです。子ども時代はニーズが満たされていなかったけれど、今は自分の責任で、自分のニーズを満たすチャンスがあります。

私たちの多くは、自分のニーズを切り捨て、見ないようにする習慣がとても強いため、「私のニーズは大切だと思ってもいいのだろうか？　この場合、私にとって、他人より自分のニーズを優先して考えてもいいのだろうか？」と何度でも問いかけることが必要になるでしょう。

両親ともアルコール依存症だったエレンは、三人目の夫がやはり依存症で、カウンセリングに通っていました。彼女は、「あなたのニーズは何ですか？」と聞かれて、混乱した様子でカウンセラーのほうを見ました。それから、いかにもその答えはすんだというように目をそらして、次の話題に移りたそうにしました。そこでセラピストは言いました。「エレン、あなたは今までずっと他の人の面倒をみてきたわ。ご両親の面倒をみて、三人の夫の面倒をみて、二人の子どもの面倒をみてきた。今度は自分の面倒をみる番よ。あなたのニーズは何？」。エレンは明らかに動揺し、出口のほうをチラリと見ました。もう一度、セラピストは聞きました。「エレン、あなたのニーズは何？　他の誰かじゃなくて、あなたは何が必要なの？」。今度は、彼女は目を大きく見開き、身体を震わせました。まるでけいれんを起こそうとしているかのようでした。セラピストはエレンに近づいて膝と肩の震えを抑えるように手を置きました。そのまま、静かでキッパリした声で語りかけました。「エレン、もう終わったの。すべて終わったのよ。他の人の面倒をみなくてもいいの。自分のことだけ面倒をみればいいのよ」。

震えはおさまっていきました。セラピストはあえて、負担が大きいことが明白な問題に再び踏みこんで聞きました。「エレン、あなたのニーズは何?」。小さな声で、エレンは答えました。「ニーズ?　私のニーズ?　四十四歳になるまで、いったいいつ、そんなことを自分に聞く暇があったかしら?」。

エレンにとって、自分のニーズについて考えることは決して安全ではなかったのです。彼女がずっと優先してきたのは、自分の責任をとろうとしない人たちの面倒をみなければという責任感でした。今、彼女がニーズを満たすためには、一人のおとなとして自分が何を必要としているかに気づくことが大切です。それにはまず、「ニーズを感じる」ということがこれまで自分の人生にとってどんな意味を持っていたのか、子ども時代から振り返る必要があるでしょう。

多くの人がエレンと同様に自分にニーズがあるということを自覚していなかったり、他人の協力を必要とするようなニーズに関しては無視するということをやっています。「あなたなんて必要ない。あの人たちもいなくてかまわない。私は自分だけでちゃんとやっていけるから」というわけです。こうした厳格なまでの自己充足の態度は、他の人から傷つけられたり拒絶されまいとする決意にもとづいているのです。

三十五歳のコリーンは、目を見張るほど有能な女性です。結婚はしたものの、夫婦でお互いに頼りあうということを彼女はよしとしませんでした。

「自分のニーズには全部自分で責任を持ったわ。いつもそうやってきたんです。聞いてもらえるなんて信じていなかったから、自分の望みも、やってほしいことも言わなかった。でもゲーリーがそばにいてくれなかったわけじゃないんです——私が彼にチャンスをあげなかっただけ。結局のところ、自分の面倒をみるのは自分だけだと思いこんでいたんです」

残念なことにこれが、コリーンの結婚生活に不和をもたらす大きな原因になりました。二人は、ゲーリーが望んでいた親密さを育てることができず、彼はとうとう離婚を選びました。コリーンはそれから十二年間、特定の人との関係をつくることはありませんでした。信頼にまつわる課題や、拒絶への怖れ、誰かに向かって自分のためにそばにいてほしいと頼むことへの怖れは、今の彼女にとって回復の焦点となっています。

子ども時代のニーズを再発見する

おとなとして自分のニーズに気づくスキルを磨くには、子ども時代の感情に共感する必要がります。なぜなら、今のニーズというのは多くの場合、子ども時代に必要だったものと同じだし、また、過去のニーズを切り捨てることは、自分にニーズを満たす権利があると信じる妨げになっているからです。

これまでのクライアントとの経験で、子ども時代に満たされなかったニーズに気づくために非常に役立ったのが「親への手紙を書く」作業です。この手紙は決して投函しないし、親に向かって読みあげたり手渡したりもしません。手紙の目的は、親に仕返ししたり、責めたりすることではなく、グリーフのプロセスを促進し、ニーズに気づくことです。

三十三歳の女性が書いたものを紹介しましょう。

お父さんへ

小さいときのこと、お父さんにありがとうと言いたいです。大好きだよと言ってくれてうれしかった。本当にそうなんだって思えたから。お父さんと遊ぶのは、いつも楽しかった。でもお父さん、私にはとても必要だったのに手に入らなかったものもあったのです。お父さんはいつからか、高圧的で支配的になって、そして嘘をつくようになりました。私は何よりも、子どもでいさせてほしかったし、間違うのを許してほしかった。お父さんにとって完ぺきな子どもではないという不安の中で、私は暮らしていました。私は、お父さんの理想どおりになろうとすることで、子ども時代を失いました。私には遊ぶことが必要だったのよ、お父さん。お父さんの理想の一部ではなく、私のままでいることが必要だったんです。

お父さんには、お母さんにもっとやさしくしてほしかった。お母さんの誕生日も忘れていたし、お母さんにクリスマスプレゼントをあげたこともなかったでしょう。お父さんが酔っぱらっていたから、お母さんはいつも仕事に追われていました。私には、もっとお母さんと仲よくすることが必要だったのに。

十代になると、自分がお父さんを怖がっていることがすごく嫌になりました。私はいつだっておびえて、震えあがっていたんです。自分が女だということが嫌でした。私と男の子たちのことでお父さんがとった態度で、私は自分が汚いものになったみたいに感じました。女である自分が恥ずかしかった。でもお父さん、今になっては笑うしかないけど、私はお父さんの思っていたようなこと全然してなかったのよ。

私にとって、家族で一緒に夕食をすることも必要でした。私たちはあちこちでばらばらに、七時半から十一時半までかかって夕食をしていましたね。ちっとも楽しくなかった。お父さんが夕食を食べもしないことが二日に一回はあったわ。

お父さん、わかるでしょう――私は今でもお父さんが必要なんです。

この手紙は、たくさんの強い感情を引き出しています。こうした手紙はグリーフのプロセスを後押しするとともに、子ども時代のつらさに共感できるようにしてくれるのです。そして、子ども時代のニーズがおとなになっても持ち越されていることを教えてくれます。

手紙を書いたことで、この女性は次のような子ども時代のニーズに気づきました。

❶私は子どもでいることが必要だった。
❷私は遊ぶことが必要だった。
❸私は間違いをおかすことが必要だった。
❹私はお父さんのものではなく、自分のままでいることが必要だった。
❺私はお母さんともっと一緒にいることが必要だった。
❻私は女であることをもっと心地よく感じることが必要だった。
❼私には健康的な家族の行事や生活習慣が必要だった。
❽私にはお父さんが必要だった。

子ども時代のニーズに気づくことで、彼女は現在のニーズにも気づきました。そのニーズはいまや親に満たしてもらうものではありませんが、年齢に関わりなく、まさに今現在のニーズなのです。彼女は次のように書いています。

❶私は遊ぶことが必要だ。自発性を見つけ、ふざけることもできる自分を発見し、創造性を発見するために。
❷私は自分に価値があると感じることが必要だ。たとえ間違うことがあっても。
❸父がこうあれと思っていた私とは別に、自分というものを見つけることが必要だ。
❹私は母ともっと親しくなることが必要だ。
❺私は女であることをもっと心地よく感じることが必要だ。
❻私には健康な行事や習慣が必要だ。
❼私には父が必要だ。

この女性は三十三歳の今から、あるいは何歳からでも、こうした課題に取り組むことができます。もちろん、彼女の両親はニーズに応じられるとは限らないし、会ったり電話したりする機会もつくりにくいかもしれませんが、ニーズを自分のものとして認めるということは、それと折り合いをつけるための第一歩なのです。

手紙を書く時間をとりましょう。あなたが喪失を味わった相手を選んでください。手紙は、その人がしてくれたことへの感謝の言葉から始めます。次に、あなたが必要だったのに得られなかったものについて書きます。鉛筆を手に持ったら、始めましょう──前もってあれこれ考えたりしないでください。書き方や文体にもこだわらないでください。ここで大事なのは何を書くかで、どれだけ上手に書くかではないのです。

手紙を書き終えたら、それを声に出して読みましょう（相手に向かってではなく）。読むことは、書くことと同じぐらいの効果と価値があるのです。ためこんでいた感情に気づいて解き放つ作業は、あなたに安堵感をもたらしてくれます。

手紙を読みあげ、自分の感情とともにいる時間をとってから、再び手紙に戻って、そこに書かれているニーズを丸で囲んでください。子ども時代の中に発見したニーズは、今のニーズに目を向けるための焦点と方向性を与えてくれるはずです。

もし自分に焦点を当てるのが難しくて、むなしさやうつ、犠牲になっている感じじゃ、怒りがわだかまっているなら、繰り返し自分に聞いてください。「私は何が必要なのか？」「私は何を望んでいるのか？」と。

自分のニーズを知ることは、それを満たすための一番の方法です。

ニーズを認めるという課題に回復の４ステップを使う例をあげておきます。

ステップ１　子ども時代のニーズをリストにしてください。そのほとんどは、どんな子どもにとっても必要なもののはずですから、遠慮してためらわないで。次に、親や養育者によってこうしたニーズが満たされたかどうかを書きます。一から一〇までの評価で、一をもっとも満たされず、一〇をもっとも満たされた状態として、父親・母親というふうに別々に書いてください。こうした体験にともなう感情を止めずに感じてください。

ステップ２　その体験が今のあなたにどんな影響を与えているか、考えてみましょう。

ステップ３　ニーズを感じることやニーズを満たすことについて、あなたが心に取りこんだ重要な信念を見つけ出してください。こうした信念は、今のあなたにとって害になっていますか、助けになっていますか？　あなたが手放したいものと、これからも持っていたいものとを見分けましょう。

ステップ４　今のあなたのニーズをはっきりさせましょう。それが子ども時代のものとそっくり同じでも、驚かないでください。次に、こうしたニーズを満たすためにできることを見つけてください。一番やさしくて、怖くないものから始めましょう。現実的な方策を編み出していってください。

限界と境界を設定する力

自分のニーズを満たすためには、限界と境界を設定することが必要になります。

問題を抱えた家族で育ったということは、子ども時代に境界を尊重されず、物事の限界を教えられなかった、ということを意味します。こうした中で生きてきた結果、私たちは境界を設定する方法を身につけていなかったり、限界を超えて何かにのめりこんだりします。また、他人の境界を尊重できずに侵入してしまいがちなのです。

境界とは、あなたを他の人から独立した存在として区別するためのラインです。私たちは一人一人、皮膚によって区切られていますが、それだけではなく、どこまでが心理的・身体的に安全な領域かというラインがあります。

情緒的な境界は、まさに私たち自身を形づくり、私たちの考え方や感情や自分の価値を決めるものです。感情の境界を設けるとは、他の人が自分をどんなふうに扱うことを許すのか、選択することです。

スピリチュアルな境界は、私たちの魂の奥深くにある真実にまつわるものです。私たちの魂の成長は、内なる自己によってもたらされます。その道筋を知っているのは自分だけです。性的な境界や限界は、何が安全で適切な性的行動かを教えてくれます。誰と、どこまでの性的な関係を持つかは、自分で選ぶことなのです。

人間関係の境界もあります。私たちが人間関係上でとる役割は、どれぐらいの深さで他人とつながるのが適切かを決めるものです。

知的な境界は、学んだり教えたりすることを楽しむ機会を与えてくれます。この境界があってこそ、好奇心を抱いたり知的に刺激されることが可能になるのです。

身体的な境界は、私たちが安全と健康を保つために必要なものです。

私たちは不健康な境界の中で育ったために、自分を傷つけるような境界の持ち方がふつうのことになっていたり、境界のねじれに気づかないことが多いのです。次にあげるのは、さまざまな種類の境界への侵害と、健康な境界のあり方です。

情緒の境界がおかされた状態	健康な境界が守られた状態
感情を否定される	ありのまま感じることを許される
こう感じるべきだと言われる	感じ方を強制されたり指示されない
激しい怒りをぶつけられる	怒りは言葉で伝えられ、激怒をぶつけられない

人格を非難される	具体的な行動の指摘を受けるだけ
軽視される	価値ある存在として扱われる
期待を向けられない	関心を注がれ期待を伝えられる
恐怖を与えられる	安全を感じられる

スピリチュアルな境界がおかされた状態	健康な境界が守られた状態
自分を曲げて他人に迎合させられる	自分にとって大切なことを守れる
運命は残酷だと信じこまされる	希望を信じられる
精神的な導きが得られない	自分を高め、磨くためのものが得られる
祈りや感謝を教えられない	祈りと感謝が自分の中に育っている

性的な境界がおかされた状態	健康な境界が守られた状態
男／女として生まれたのを喜ばれない	男／女として生まれたことを祝福される
性について間違った情報を与えられる	健康な性の情報を与えられる
性的な批評や興味の対象にされる	他人からの批評や好奇の目にさらされない
性が他人を喜ばせるため利用される	性を自分のものとして大切にできる

人間関係の境界がおかされた状態

他人の要求に応じなければならない
他人の意見に従わなければならない
他人が察してくれるのを待つ
近づいてくる人とすぐ恋に落ちる

健康な境界が守られた状態

いつでも要求に応じる必要はない
自分で判断して意見を言える
自分の望みを言葉にできる
どれだけ親密になるか自分で決められる

知的な境界がおかされた状態

情報を与えられない
間違うことを許されない
質問することを歓迎されない
愚か者扱いされる
親の夢をかなえるよう奨励される

健康な境界が守られた状態

情報を与えられ自分で判断できる
間違いから学ぶことができる
質問したり意見を求めることができる
自分の考えを持った人として扱われる
自分の価値観を育てられる

身体の境界がおかされた状態

健康維持の方法を教えられない
なでてもらえない

健康な境界が守られた状態

健康な日常生活の方法を学べる
愛情や励ましをこめてなでてもらえる

嫌なのにさわられる 殴られたり、押しのけられたりする	望まないときはさわられるのを拒否できる 身体を大切に扱われ、決して暴力を受けない

境界は、私たちが何を望み、何を望まないかという宣言でもあります。そして他人が私たちに何をしてもよくて、何をすることは許さないかという線引きの役目もします。

子どもだった頃、あなたは境界の侵入から自分を守るすべを持っていませんでした。侵入を受け——つまり利用され、虐待され、暴力にさらされて——、自分には価値がないし、人間ではなく誰かの所有物のように扱われていると感じたかもしれません。きちんと主張できない自分がいけないんだとか、弱虫なんだと思いこんだかもしれません。けれど今、おとなになったあなたは、境界をつくって補強することができるし、それは内面的な強さを与えてくれます。

健康な境界を確立するための準備として、これまで受けてきた境界の侵害を振り返っておくことが役立ちます。

子ども時代のあなたにとって重要な役割を演じていた人々を思い浮かべて、その一人一人について、六つの分野の境界がどうなっていたか、振り返ってください。あなたが体験した健康な境界や不健康な境界について書き出しましょう。

同じ作業を、今のあなたの生活で重要な位置を占める人々についてやってみましょう。

不健康な境界に気づくことは、より健康な自分になるため境界を見直すのに役立ちます。健康な境界とは柔軟で、何を自分の中に入れて何は入れないことにするか、場合に応じて選択できるものです。そして限界は、境界を守るための具体的なスキルです。たとえば、人間関係の境界を守るためには、特定の相手に対してどれだけの時間とエネルギーを使うか限界を決めることが役に立ちます。

境界は、他人を締め出すような固い壁である必要はなく、柔軟なほうがいいのです。どこに境界を設定するかは状況に応じて変わり、たとえば見知らぬ人は中に入れないし、親しい人なら迎え入れるというように、適切に対応すべきものです。自分らしさを損なわれないようにしながら、一方で新しい考え方もオープンに受け入れる必要があります。健康な境界とは、孤立することなく自分を守り、縛られることなく自分を適度に抑えるものです。

境界は、私たちの生活に秩序をもたらしてくれます。境界があってこそ自分のニーズを満たせるし、これ以上、自己否定感を心にとりこまずにすむようになります。

境界を育てることは、あなたが身体的・心理的に心地よく感じるエリアを発見することであり、何が好きで、何が嫌いかを発見することです。境界がしっかりするにつれ、自分がどんな人間で、周囲とどんな関係をつくっていきたいかが明確になるのです。

拒絶されることへの怖れや、人から承認されたいという思い、怒りへの怖れは、境界や限界をつくろうとするときに立ちはだかる大きな障害です。境界設定のスキルを練習をしたのに、実際にはうまくいかないという場合は、この課題に焦点を当ててみてください。つまり自己確認の練習をしたり、怒りという感情について子ども時代からもう一度振り返ってみることです。

境界を確立する練習は、さらに別の課題にも気づかせてくれるでしょう。それは「ノー」と「イエス」を使い分ける力です。多くの人にとって、子ども時代にノーと言うことは安全ではありませんでした。自由にノーと言うことが許されない状況では、イエスは非常な怖れと無力感をともなうものであったり、あるいは承認され愛されるための必死の努力でした。中には、ノーという言葉がイエスの意味だとみなされる家庭で育った人もいて、そんな場合、おとなになっても周囲の人のノーに耳を貸すことができません。

問題を抱えた家庭では、ノーとイエスの使われ方をめぐって、しばしば苦痛と混乱が生じていました。その痛みに気づくことが必要です。

これまであなたが何度も何度も、ノーと言いたいのに言えなかった（そのたびに怖れからイエスと言っていた）ことや、それにともなう怒りと痛みを、繰り返し語ってください。相手にノーと言ってもらうことが必要だったのに、あなたが聞いたのはイエスだったという体験がどれぐらいあったかも、確認しておく必要があります。たとえば、自分や相手を傷つけるような行動をきちんと指摘してほしかったのに、何も言ってもらえなかったことなどです。

回復の中で、あなたはノーという言葉が自分を守る仲間となってくれることに気づくでしょう。それはあなたに選択肢を与えてくれるのです。ノーを使い慣れるにつれて、他人の境界も意識できるようになります。私たちはみな、ノーとイエスを使い分ける力と権利を持っています。イエスという言葉が怖れや承認の必要性で口に出されるのではなく、自由に行使できる権利となることを私は願っています。そして、私たちがノーと口に出すとき、本当は自分自身に向かってイエスと肯定していることを願っています。

限界を設けたり境界を確立することに回復の4ステップを使う例をあげておきましょう。

ステップ1　あなたが子ども時代に体験した、健康な境界と不健康な境界とを書き出してみましょう。その体験にともなう痛みを止めずに感じてください。

ステップ2　こうした子ども時代の体験が、今のあなたにどんな影響を与えているか、書いてみましょう。

ステップ3　限界を設けることや境界を確立することについて、あなたが心の中にとりこんだ信念を見つけ出してください。こうした信念は、今のあなたにとって害になっていますか、助けになっていますか？　あなたが手放したい信念と、これからも持ち続けたい信念とを分けましょう。

ステップ4　さまざまな境界のうち、あなたがもっと強めたいものと、柔軟にしたいものとをあげてください。その課題を、一番安全（やさしい）と感じるものから難しいものまで順番にリストアップしてください。最も安全なものから始めましょう。一歩進むたびに、自分を大いにほめてあげてください！

自分を幸せにできる人になる

インナーアダルトの5つの力——自己確認、コントロールを手放す、感情を感じる、ニーズを見分ける、限界と境界を確立する——は、日々を安全に生きていくための土台になるし、さらに複雑な回復上の問題に取り組む力にもなります。インナーアダルトの感覚が育って内なる自己を感じられるようになるにつれ、あなたは新しい選択肢を発見するでしょう。周囲に反応して生きるのではなく、自分の信念と決定にもとづいて行動するようになるのです。怖れや自己否定感に駆り立てられるのではなく、自分が何に価値をおくか、何を望んでいるかを大切にできるようになるでしょう。自分に対してずっとやさしくなり、自分を許せるようになるでしょう。怖れや疑いのレンズを通して人生を見ることはなくなり、あなたが人生から正当に受けとれるものを期待するようになり、希望がわいてきます。

あなたには、新しい方向へと人生を建てなおすだけの価値があります。新しい生き方を支え、あなたの歩む一歩一歩を確認してくれるのが、インナーアダルトの力です。それは、自分を大切に扱うことを教えてくれます。そして自分の幸福に自分で責任を負い、自分自身で選択することを可能にしてくれます。つまり、自分を愛することを教えてくれるのです。

このことを覚えておいてください。自分を愛することを学ぶのは、他人を愛さなくなることではありません。自分を愛することで、他人をさらに愛する自由を手にすることができるのです。

5章 秘密はいらない、役割はいらない

過去の秘密に縛られなくなるには？　役割を手放した私は、いったい誰？

家族というのは、たくさんの部屋がある家のようなものです。この家の数々の部屋は、過去の世代の家族や、新しく作られた家族を表わしており、すべてが直接あるいは間接的につながっています。ドアを通じて部屋から部屋へと伝わっていくのは、家族の秘密であり、家族の物語であり、何が正しくて何は誤りかという考え方や、人がすべきこととすべきでないことについての信念です。

この章では過去を再び検証し、現在の自分へ、そして未来へとつなげていきます。インナーアダルトの力を手にすることで、過去をさらに深いレベルで探っていくことが可能になったのです。

家族の秘密

深いレベルで過去を探る作業のひとつ、それは家族の秘密を覆っているベールを取りのけていくことです。

秘密は、ひとつの世代から次の世代へと受け渡されます。秘密とは、他人には知らせないでおく一片の情報であり、それは、恥辱感がともなうためでもあるし、自分自身や他の誰かを守ろうとする意図によることもあります。

　ケヴィンは、母親の秘密をその死後に知りました。母の両親はスイスからアメリカに渡ったと聞かされていたのですが、実はオーストリア出身でした。宗教的な迫害を恐れて、彼らは名前を変えただけでなく、どこで生まれたどんな人間なのかということも隠していたのです。ケヴィンにとって母親の怖れは理解できたものの、家族の歴史をまったく共有できなかったことが心の痛みとなりました。母親と本当に親密になるための道を閉ざされてしまったのでした。

　マールの場合、男の子を産めば不治の障害が遺伝する可能性があることを、母親が隠していました。娘がこのことを知らずにいれば、結婚の選択肢が狭まらずにすむと考えたのです。やがてマールは結婚しましたが、生まれた男の子はこの遺伝的障害のため幼くして亡くなりました。母親の気遣いは愛情による心からのものでしたが、こうしたやり方で娘を守ろうとしたことで、マールが自分で大切なことを決めるチャンスを奪ってしまったのです。彼女は情報を知らされず、親が彼女のためにした決断の結果をその身で体験することになりました。

秘密が持つ破壊力

　秘密が力をふるうのは、それが人をコントロールするからです。非常に多くの場合、問題は秘密にしようとする意図そのものではなく、隠し続けるためにとらなければいけない行動なのです。秘密とはクローゼットに隠された骸骨のようなもので、誰か他人がその扉に近づきすぎないよう、家族全員が監視の役目を負わされるのです。

秘密がそっと伝えられるものであれ、あるいは皆で示し合わせて隠しているのであれ、子どもだったあなたには選択権がありませんでした。多かれ少なかれ、家族の秘密を守るよう強制されたのです。そしておとなになってからは、隠し続けることを自分に強要しているのです。あなたは意識していないでしょうが、今ではあなたが特定の情報を人々の詮索から遠のけておくという選択をしています。秘密自体は単なる情報にすぎず、それを話すか、事実として認めるか、それとも隠しておくかという選択は、あなたにかかっているのです。

事実をありのままに認めることで、秘密の破壊力はしぼみます。飲んで忘れようとしても、身体を動かして忘れようとしても、食べまくって忘れようとしても、仕事で忘れようとしても、その他どんな努力をして理屈をつけて忘れようとしても、秘密の力は衰えません。ただひとつの方法は、否認を終わらせ、認め、クローゼットの扉を開くこと――それが秘密から自由になる唯一の道なのです。

秘密の影の中で暮らすこと

恥辱と自己否定が土台にある家庭で育つということは、秘密が存在すること自体への否認に支配されて育つということです。秘密の中身が特別に恐ろしいものだったり、とてもひどいことに見える場合もあるし、あるいは秘密を守ろうとしている当人が、外見に非常にこだわっている場合もあるし、理由がなんであれ、家族の暮らしはまるで暗雲に覆われたかのようになります。否認は真実の光をさえぎり、その影のもとでは恥辱感の樹木が生い茂るからです。

ケヴィンやマールの母親はたった一人で家族の秘密を守り続けていましたが、秘密が目に見える形で共有されている家族で育った人もいます。ローレンスの場合もそうでした。

「父は時々精神科の病院に入院しないとなりませんでした。躁うつ病だったんです。今ではそれを知っていますが、子どものときにはわかりませんでした。父が入院するたび、私たち子どもは誰にも言ってはダメだと言い聞かされたものです。誰かがお父さんはどこへ行ったのと聞いたら、西部の故郷へ親戚の病気見舞いに行っていると話すことになっていました」

シンディはこんなことを覚えています。

「私の姉は二度妊娠して、二度とも私たち家族はその間の数ヵ月間、姉がどこへ行っているのかについて嘘をこしらえました。いったん作り話ができると、私たちはもう決して、姉がまた『やってしまった』ことについては話しませんでした」

これらは家族が積極的に秘密を守ろうと共謀している例です。けれど、知らないうちに秘密とともに暮らしてきた人も多いのです。たとえばアルコール依存症という秘密を抱えて、その病気の本当の正体を知らないまま生きてきた人もいます。ロビンはこう言います。

「父は頭がおかしいんだと思っていました。しょっちゅう異常人格みたいになっていましたから。父が飲みすぎだとは知っていたけど、周りにも飲みすぎの人はたくさんいたし。父が依存症だったなんて知りませんでした」

問題を秘密にしていると、私たちは理不尽な行動に理屈をつけて耐えることにすっかり慣れていきます。ジェラルドのこんな話のように。

「僕はふつうの家庭で育ったんだと思っていましたよ。昔のことをあれこれ振り返るようになったのは、酒をやめて三年たってからです。子どもがトイレの水でいたずらしているのを見つけたからといって、罰として便器から水を飲ませるのは親としてふつうのことじゃないと気づき始めました。どちらの子どもが悪いことをしたのか見つけるのに、『連帯責任』と称して二人をさんざんぶって、悪いほうが音《ね》をあげるのを待つやり方がふつうじゃないということもね」

ジェラルドのような状況では、何かを秘密にしようという明らかな意図はありません。その代わり、家の中のことに関しては口をつぐませるような雰囲気があるのです。子どもは他のやり方があるというのを知りません。自分の家族だけが体験のすべてなのです。何が「ふつう」だかわからない状態で、子どもたちは理不尽な仕打ちに耐えることを身につけます。

体験したことを表現する言葉を持たないとき、私たちはそれについて話すことができず、その体験は秘密のままになるのです。たとえば、身体的な虐待とはげんこつで殴られたり平手打ちされることだと思っていて、自分が虐待されていることに気づかない子どもがいます。髪の毛を持って引きずりまわされるのが虐待だとは知らないのです。壁際に押しやられるのが虐待だなんてわからないのです。それに、虐待というのは毎日のように起こるものと思いこんでいて、月に一度だけの出来事には何かそれらしい理由を見つけ、秘密のままにしておくのです。

感情を表わせる雰囲気が家族の中にないと、私たちは痛みを否認し、本来の傷つきやすい自分を盾で防衛することを学びます。やがて、苦痛な体験もふつうのことだと思いこむようになります。「たった一度だけのことだし」「親にはそんなつもりはなかったんだ」と。家族の仕打ちから物理的に身を守る手段がないために、それを乗り切るには否認によって身を守るしかないのです。こうやって、私たちは結局秘密を守ることになり、そこに秘密があるということさえ意識しないのです。

秘密という言葉に後ろ暗い響きを感じる人もいます。秘密が知られたら、自分があたかも欠陥品のようにみなされ、「人より劣った」者として見られてしまうと思いこんでいるのです。そんなふうに信じているとしたら、真実を明かしてありのまま認めるのは難しくなります。

自分が秘密を抱えて生きているかどうか、どうやってわかるのでしょう？　ひとつの方法は自分にこう聞いてみることです。「私のことや、家族のことで、人に知られたら怖いと思うことがあるだろうか？　知られたら好きでいてもらえないとか、友だちがいなくなるとか、仕事を失うのではと不安になるようなことは？」。こんな聞き方もあります。「相手の否定的な反応が怖くて誰にも言えずにいることが、私には何かあるだろうか？」。もしあなたが特定の情報を漏らすことにこうした怖れを感じるのなら、その情報はあなたの人生を縛っているのです。

あなたが育った家族の中に存在していた秘密をあげてください。

秘密の起源

あなたはどんな秘密のもとで育ったでしょうか？　それは当時も知っていた秘密ですか、それとも、薄々気づいてはいたけれど、あとになってはっきりしたことですか？

秘密は、人に言いたくない病気や、法律的な問題、たとえば犯罪で逮捕されたり投獄されたりといったことの場合もあります。また、不倫の関係や、未婚の妊娠、中絶、あるいは依存症や、身体的・情緒的虐待かもしれません。

あなた自身には、どんな秘密がありますか？　それはあなただけしか知らないことかもしれません。たとえばランデールは子ども時代に盗みをしたことがあり、今でも友人や家族からちょっとしたものを盗むことがあります。彼の知る限り、誰もこのことに気づいていません。

ジニーはかつてレイプされたことを誰にも話していません。レイプを受けた女性の多くはそのことに口をつぐみ、秘密にともなうたくさんの感情を心に閉じこめています。ドロレスは、予定外の妊娠をして結局は流産したことを夫にも話していません。「私も母のような心の病気になったらどうしよう」といった密かな怖れを抱いている人もいます。「この結婚生活は破綻に向かっているのではないか」「私は同性愛者かもしれない」といった思いを秘密にしている人もいます。

秘密を抱え、事実を隠しているという重荷を負っていれば、罪悪感は強くなり、知られてしまうことへの怖れはエスカレートしていきます。怖れは苦痛を引き起こし、その痛みがあまりに強くなれば、私たちは一時でもそこから逃れるために自己破壊的な行動へと向かうことになります。性的に虐待されたことを秘密にして耐えている人たちは、アルコールや錠剤やその他の薬物で痛みをやわらげようとすることがよくあります。「言えないこと」のために神経をすり減らさないですむよう、人とのつき合いを避けて孤立している人もたくさんいます。アディクションからの回復途上にある人が、秘密を抱えている罪悪感や、秘密が知られてしまう不安から、再発にいたることは非常によくあります。

秘密にしていることがあると、私たちの眺める世界はゆがんだものになります。いつも警戒態勢をとっていなければならず、自分でもこの「隠蔽された情報」を忘れていようとして、あれこれ理屈をつけ、事実をねじ曲げ、抑えこもうとします。そのため、誰かと親密になる機会も奪われてしまいます。たとえばフィリスの場合、新しいボーイフレンドを自分の家族に近づけたくありませんでした。母親が安定剤に依存していることや、兄のコカイン乱用など、知られたくないことがあったからです。マリーは性的虐待を受けて育ったことをパートナーに知らせず、彼との間や自分自身との間にバリアを築いていたため、そのことが障害となって二人の性関係はうまくいきませんでした。

私たちが秘密の中で生きている限り、他人と何かを分かち合ったり人を信頼するということはできないでしょう。五年、十年、ひょっとしたら三十年も、何かについて口をつぐんできたということは、今も話せないということです。私たちは長年の間、心を閉ざし、防衛し、隠し立てするよう自分を訓練してきたのです。ですから今また、怖れや罪悪感や自己否定感を引き起こすようなことが起こったとしたら、それを誰かと分かち合うという選択をすることはまずないでしょう。こうして過去の体験に縛られれば縛られるほど、自己否定感はつのり、それを不健康な行動で表わすことが多くなるのです。

影の中から踏み出す、自己否定感から踏み出す

回復とは、自己否定感から解き放たれて生きることです。あなたという人間の価値と、あな

たの秘密とは別だし、家族の秘密もあなたの価値とは関係ありません。

あなたのこれまでの体験には、ひどい痛みがともなうものもあったでしょう。けれど秘密を明かすことによる痛みは、秘密のままにしておく苦痛の大きさとは、とてもとても比べものになりません。そして事実をいったん誰かと分かち合えば、長く寒い冬のあとで春の陽射しを浴びたように、ほっと安心した気持ちになるはずです。

人が秘密を明かす理由をあげておきましょう。

❶ 重荷を降ろすことができます

他の人に嘘をつき続けなくてよくなるのです。秘密はあなたの人生を困難なものにしてきました。でももう、隠し続けることにエネルギーを使わなくてよくなります。トニーは十二年もたってから、かつて自動車事故を起こしたとき、運転席にいたのは弟ではなく自分だったのだと親に打ち明け、大きな安堵感を味わいました。

❷ 自分に正直になれます

トニーは真実を話したことで、絶え間ない罪悪感に苦しまなくてもよくなりました。彼が「運転していたのは僕なんだ」と言ったとき、重大な間違いを認める勇気が自分にあると確認することができたのです。

❸ **いきなり知られた場合のショックを避けることができます**

大切な相手が偶然に秘密を知ってショックを受けたり驚いたりすることがないよう、あらかじめ打ち明けるという場合もあります。マイケルは結婚して十四年ですが、実は十六歳になる子どもがいることを妻に黙っていました。長いことかかって気持ちを決めたときは、とてもほっとしました。つまり、自分に娘がいることや、それをずっと言わずにいたことを知れば妻は傷つくだろうが、今知らせておくほうがましだということです。ある日、いきなり娘が玄関に現われるよりは。

❹ **他の人ともっと誠実な関係をつくれるようになります**

あなたが誰かに秘密を打ち明けるということは、非常に大切なことに関して相手を信頼しているというメッセージを伝えることでもあります。相手に弱い部分をさらけ出すことで、しばしば相手も安心して自分の弱さを見せようという気持ちになります。お互いの間に強い信頼が育つのです。

❺ **家族の変化をうながすきっかけになります**

あなたが口を開いたことで、他の家族も人生を変える勇気を得るかもしれません。たとえばきょうだいに向かって母親の飲酒問題（みんなが目撃していながら見ないふりをしていたこと）について話すことで、あなたは家族全員の否認を打ち破る一歩を踏み出したことになります。もしかするとその結果、全員が自分の問題について援助を受けることになり、その中には母親も含まれているかもしれません。あなたが性的虐待について語ることは、同じように虐待を受けてきた他の家族がそのことを話し始めるきっかけとなるかもしれません。

❻ 助けを求めて声をあげることができます

あなたが打ち明けた秘密が、今取り組む必要のある問題なら、他の人にそれを話すことは、助けを得るための行動の始まりです。自分自身の飲酒問題について語ることは解決への支えを求めるきっかけになります。もしあなたがレイプされたことがあるなら、それから何年たっていようとも、話すことは助けを求める叫びとなり、未解決の深い悲しみや怒りを整理することを可能にします。

秘密は、信頼による分かち合いとなる

あなたが家族との関係を新しいものにしようとしているなら、その人たちが今も守ろうとしている秘密に一役買わないことが大切です。回復は、秘密と相容れません。回復とはあなたにとっての真実を話すことです。「**話すな**」というルールを、あなたが自分で終わりにしなければなりません。ただし、秘密を終わらせるということは、あらゆることを、あらゆる人と分か

ち合うという意味ではないのです。非常に個人的な出来事というのもあり、それを誰とでも分かち合いたいとはあなたも思わないでしょう。安全な場と安全な人を自分で選ぶことで、秘密という言葉は消えうせ、信頼による分かち合いがそれにとって代わるのです。

誰に秘密を打ち明けたいかを考えるにあたっては、「なぜ」そのことを話したいのかをよく確かめる必要があります。人は、自分自身を助けるためでなく、他の人を傷つける目的で秘密を打ち明けることがあるのです。「そんなひどいこと言うなら、私も言わせてもらうわ。あなたはパパの子どもじゃないって知らなかったでしょう?」。大きな影響力があり、誰かを傷つける可能性のある秘密を話すことが頭に浮かんだときは、その動機をよく調べてみることが必要です。相手にだって知る権利がある、と理屈をつけることもできるでしょう。確かにそうです。でも、それを話すのはあなたの役目でしょうか? もっと適切な人が適切なタイミングで伝えたほうが、励ましになるということはありませんか?

なぜ打ち明けるかだけでなく、「誰と」それを分かち合うかについてもよく考える必要があります。安全な人を選んで信頼のもとに打ち明けることで、健全で柔軟な境界をつくれるのです。これまでは固いセメントの壁が秘密をしっかり囲って、健康な関係をつくる機会をすべて閉め出していましたが、今では信頼による分かち合いのカーテンがそこにあります。

あなたが今も秘密にしていることがあるとしたら、その秘密があなたを傷つけたり、誰か他の人を傷つけるものかどうかを考えてみてください。

それぞれの秘密について、知られたらどんなことになると怖れていますか？　どんな人になら知ってほしいと思いますか？　話すことを妨げているものは何ですか？　誰にだったら秘密を打ち明けても安全だと感じますか？

秘密を初めて口にするのは、心が大きく揺さぶられる体験です。たぶん安堵と興奮とを同時に感じるでしょう。語ることは、悲しみと苦痛の深い井戸に石を投げこむようなものです。初めて打ち明けるときには、あなたが信頼していて、話に耳を傾けてくれる相手を選んでください。たいていの場合、その相手とは語る内容に利害関係のない人です。友人、パートナーや配偶者、自助グループの仲間、カウンセラー、セラピスト、医師などがいいでしょう。一番安全な人から始めてください。

どんな体験や感情でも、自分が声に出して言うのを聞くことは助けになるし、相手もそれを聞くことで、私たちを支えたり、確認を与えることができます。このような分かち合いによって、痛みはやわらぎ、重荷は軽くなり、さらに相手との親密さも増すことが多いのです。

役割に気づく

私たちを過去に縛りつけているものは、家族の秘密だけではありません。子ども時代から家族の中で演じてきた役割も、あなたの人間関係を一定の枠に閉じこめています。自分に割り当てられていた役割を変えることで、あなたは他の人との関わり方を変えることができます。

家族内での役割については、さまざまな専門家がさまざまな名づけ方をしています。ここでは、次のように分けましょう。

◆リスポンジブル・チャイルド（**責任を負う子**、ヒーロー、一家の柱、小さなおとな、優等生）
◆アジャスター（**順応者**、ロスト・チャイルド、忘れられた子、いないふり）
◆プラケイター（**なだめ役**、世話やき、家庭内ソーシャルワーカー）
◆アクティング・アウト（**問題児**、行動化する者、スケープ・ゴート、いけにえ）

人はみな、生き抜くための強い力をもって生まれてきます。私たちの子ども時代には、まさにこの力が必要でした。周囲が安全でなく、しっかりとした枠組みや秩序が存在せず、次にどうなるか予測がつかないとき、少しでも安全を確保するために子どもはできる限りのことをするのです。これが、生きのびるための役割の土台となります。

どの役割も、その子どもにとって、そして家族にとって、何か得になる面を持っています。**責任を負う子**は、家族の混乱状態に秩序をもたらすため、物事を一生けんめい管理しようとします。そうすれば次に起こることが少しは予測できるようになり、生活は少しは安定したものになります。たいていは学校の成績もよく、周囲から評価が得られます。

順応者はもっと受身の役割を取り、気配を感じさせないことで家族の安定に貢献します。何かを願ったり要求したりせず、自分の周囲には感情を通さないバリアを張ります。そのことによって過酷な状況に順応し、火の粉をかぶらないですむよう身を守るのです。

なだめ役は他の家族の情緒的なニーズに応え、苦痛を軽減しようと努めることで、少しでも自分の安定を保とうとし、自分の痛みから目をそらします。人にやさしくすれば周囲から好かれるし、よい意味で関心を向けてもらえます。

問題児は家族に代わって「助けて！」「自分たちを見て！」と声をあげる役目を果たします。そのことで自分にとって得になるのは、声をあげることで注目してもらえることです。悪いことをすれば悪い意味で注目されるわけですが、それでも多くの子どもは、まったく関心を持ってもらえないよりましだと感じるものなのです。

多くのおとなは自分を振り返ってみて、ひとつの役割ではなく、いくつかの役割を組み合わせて演じていたことに気づくものです。たいていの人は、主となる役割があり、何かの状況では別の役割で行動します。たとえば、自分は**問題児**だった気がするけれど、**順応者**でもあったかもしれないという人もいるでしょう。**なだめ役**であると同時に**責任を負う子**でもあったという人もいます。

自分の役割について探っていくには、あてはまると感じるそれぞれの役割を、別々に見ていくことが役に立ちます。組み合わせで考えるよりも、役割の特徴がはっきりしやすいからです。人はおとなになっても、子ども時代の家族の役割を引きずっています。子ども時代にずっと**責任を負う子**を演じていた人は、おとなになっても同じように行動していることが多いでしょう。モナがまさにそうです。彼女は非常な努力の末にロースクールを優等で卒業しました。三十二歳の時にはもう弁護士として個人開業していました。ただし彼女が個人で事務所を持ったのは、チームとして働くことができなかったからなのです。いつもすべてを自分で管理していないと気がすみませんでした。人の言うことを聞けなかったし、決断を下す上司の存在は怖かったのです。その頃には、彼女の三度めの結婚は暗礁に乗り上げ、女性の友だちは誰もいませんでした。彼女が自分の役割を頑固に守り続けた結果がこれだったのです。

自分が**順応者**だったと感じる人は、今でも誰かに物事を決めてもらいたがっていることでしょう。スティーブは将来について漠然とした希望や夢を持っていますが、自ら決断を下すのが怖くてたまりません。どんな過酷な状況にも適応するため、大きな会社で働くのが自分には向いていると感じています。上司に命じられれば、彼は何でもその通りにやります。彼の部署では三年の間に、部長が三回も代わりました。同僚たちはパニックしましたが、彼は明日をも知れぬ状況に順応しました。結婚して三年になる妻は、最初のうちこそ彼が熱心に話を聞いてくれることや、「柔軟」なところが気に入っていましたが、やがて彼にとっては恐ろしいことを要求するようになりました。自分の信念で行動しろ、考えをきちんと口に出せというのです。彼はあまりに人のいいなりでした。短い間に何度も転勤を命じられて夫婦で引っ越しを重ねましたが、最後に妻は一人で残ることを選び、彼は単身、別の市へと移ったのでした。

なだめ役はおとなになっても、まわりの人たちの情緒的なニーズの面倒をみ続けます。三十二歳のエミリーは、今でも家族の仲裁をしています。彼女は昇進の機会を二度もふいにしましたが、それというのも自分が町を離れたら「誰がママを守るのよ？」という理由からなのです。

こうした役割は、子ども時代には明らかな利点があったのですが、弱点が姿を表わすのはおとなになってからです。**問題児**は、何らかの直接的な介入を受ける可能性が最も高くなります。若いときに社会的なトラブルを起こしやすいからです。そして病院や刑務所といった場所に放りこまれることが多くなります。アルコールや薬物の乱用はよく見られる行動で、依存症になる人もたくさんいます。四十五歳のパティは、いまだに怒りを不健康な行動で表わしています。

大学を出ているのに、専門分野での仕事をだめにし、酒場の仕事で生活を支えています。けんか腰の態度で有名で、権威ある人とみれば誰にでも、警察官から自分の雇い主にまで、突っかかっていくのです。そのためパティがいるのを喜ぶ人はほとんどいなくなり、彼女は自分でも嫌われているとわかっています。もちろん、酒や薬物をやめて回復している人はたくさんいるし、すべての問題児が依存症になるわけではありません。自分の傾向をむしろ生きる上での強みに切り替えて、社会で活躍している人たちも多いのです。

役割を評価しなおす

それぞれの役割は、おとなになってから自分を縛りつけるだけではありません。同時に、その役割が持っている強みもあるのです。自分が取ってきた役割を理解し、その中にある「強みと弱み」とに気づくことが必要です。それがわかれば、役割のうちでどの部分が自分にとって害があり手放すことが必要なのか、どんな強さを大切にし、もっと育てていけばいいのかが見えやすくなるはずです。次ページの表に、役割の強みと弱みをまとめました。

自分にあてはまるのはどんな役割ですか？　あてはまると思った役割（複数でも）について、自分が感じる強みと弱みとを書き出してください。

役割の強みと弱み

責任を負う子	
強　み	弱　み
しっかりしていて有能 リーダーの資質がある 決断力がある 自分から行動を起こす 完全を期す 目標に向けて行動する 自分で自分をきたえる	人の話が聞けない 人に従うことができない 遊ぶことが苦手 柔軟性・自由な発想に欠ける 正しくなければいけない すべてコントロールせずにいられない 間違うことを非常に怖れる

順応者	
強　み	弱　み
柔軟性がある 人に従うことができる 流れに任せることができる 悪い状況でも逆上しない	自分から行動を起こせない 決断を下すのが怖い こうしたいという方向性がない 選択肢をあげられない 自分の力を知らない

なだめ役	
強　み	弱　み
思いやりがある 人の気持ちがわかる 話を聞くのが上手 人の様子に敏感 気前がいい 素敵な笑顔と温かい態度	人に世話してもらうのが苦手 自分の気持ちに目を向けられない 罪悪感にとらわれやすい 人の怒りを非常に怖れる 相手の理不尽な行動に耐えてしまう

問題児	
強　み	弱　み
自分の感情に素直 否認が少なく、自分に正直 創造性がある ユーモアのセンスがある リーダーシップをとれる	怒りの表現が不適切 指示に従うことができない 他人の境界を侵略する 若年で社会的トラブルを起こす（学校の中退、依存症、十代の妊娠など）

役割に縛りつけていた信念

自分が演じていた役割には強みがあるし、その価値は認めていいのです。問題は、私たちがその役割を身につけてきた背景にはたぶん怖れがあり、そのため今でも、怖れを土台にして行動しているということです。また、私たちは孤立した状態の中でこうした役割を身につけているため、別の方法を学んでいないのです。たとえばリーダーとなることはできても、人に従うことができないかもしれません。あるいは、過酷な状況をうまくやりすごすことはできても、人に合わせるだけで自分の意見を表明できないかもしれません。

こうした役割は、生活のあらゆる面で私たちの行動を決まった枠にはめます。職業選択や、パートナーや友人の選択、どんな家族をつくるか、子どもとどんな関係をつくるか、同僚とどんなふうにやっていくか、そして自分についてどう感じるかにも、影響を及ぼします。

私たちが同じ行動パターンを繰り返すとき、こうした行動に火をつけている信念が存在しています。ですから役割に縛られなくなるためには、信念を新しいものに変えていくことが必要です。

それぞれの役割はどんな信念によって駆り立てられたものか、そしてその信念をどんなふうに変えていけばよいかを、次ページの表にまとめました。

信念を新しいものに変える

責任を負う子	
これまで	これから
・私がやらなかったら、やる人はいない ・私がこうしなければ、何かまずいことが起こるか、事態が悪化する ・成果をあげていなければ、私には価値がない	・私がやらなければ誰かがやるだろうし、それでかまわない ・私がやらなければ違うやり方が取られるだろうが、それでかまわない ・結果を出すことで価値を認められるのでなく、私そのものに価値がある

順応者	
これまで	これから
・私が感情を動かさなければ、傷つくこともないだろう ・私が何をしても、どうせ事態は変わらない ・目立たないでいるのが一番いい	・私が感情を動かさなければ、人とのつながりは得られない ・私は物事を変えることができる 私には価値があり、尊重に値する ・私は関心を向けられるに値する

なだめ役	
これまで	これから
・私がいい人でいれば、みんなが好きになってくれる ・他の人に目を向けていれば、自分のことを見なくてすむ ・私が世話をしてあげれば、あなたは私から離れていかないはず	・私は他の人の世話をしなかったとしても、好かれる人間だ ・自分に目を向けていい、私にはそれだけの価値がある ・あなたが私のそばにいるのは、私が私だからで、私が世話してあげるからではない

問題児	
これまで	これから
・私が大声でわめけば、誰か気づいてくれるかもしれない ・ほしいものは奪いとるしかない、誰も与えてはくれないのだから ・私のニーズは誰より優先だ	・私は自分が何を望んでいるか自分に聞ける、他人の望みにも耳を貸す ・世界は残酷ではないし、私は一人で生きているわけではない ・他人のニーズも認める必要がある

かつて演じていた私でないなら、私は誰？

子どもからおとなになるときの役割の変化

長い間演じてきた役割は、私たちの存在意義に等しいものになっているはずです。だからそこから自由になろうとするとき、私たちは自分にこう問いかけることになります。

「もし私が、今まで演じてきた役割そのものでないなら、私はいったい何者なのか？」。

あなたは、今までどおりのあなたです――申し分なく素敵な存在だし、傷つきやすくもろい人間です。外側がどうあろうと、あなたの中にいる本当のあなたは、今までずっと創造性にあふれ、好奇心でいっぱいで、意欲があり、たくさんの望みを持っていたのです。そんなあなたの内面の声は今まで無視され、罰によってこらしめられ、育つ機会を与えられませんでした。けれどもう、あなたは生きのびるための役割という盾で自分を守る必要はないのです。

それでも、こんなふうな疑問を抱いてはいないでしょうか。

「私は看護の仕事をしている。もし私があらゆる人の面倒をみるという状態から回復したら、仕事を変えることになるのだろうか？」

「怒りは、私が知っている唯一の感情だ。なのに、それをもう感じるなということ？」
「責任感が強くて几帳面だったから、私はかなりの収入が得られたし仕事で成功した。でも回復したら、それも終わりということなのか？」
「柔軟さは私のトレードマークなのに、この長所もなくなってしまうのだろうか？」

役割に縛られなくなるということは、その役割が持っている強みにまで別れを告げることではありません。いいところはそのままにして、もっとバランスある生き方を学んでいけばいいのです。次にあげるのは、あなたが何をそのまま維持し、どこをこれから育てていけばよいかについてのヒントです。

責任を負う子

・リーダーとしてのスキル、物事をきちんと処理する能力、自分から行動を起こす力はそのまま保つ。ある程度のコントロールを手放す。
・人の話に耳を傾ける力や、人に従うこと、柔軟性、リラックスする能力を育てる。

順応者

・柔軟性と、チームプレーの能力は保つ。
・自分から行動を起こし、決断を下し、他の選択肢に気づく力を育てる。

なだめ役

・人への共感や、人づきあいのスキルは保つ。
・自分をケアし、自分のことを第一に考える力を育てる。

問題児

・自分の怒りに気づく力・本当のことを口にする力・リーダーとなる力は保つ。
・もっと建設的な方向に他の人をリードする力を育てる。
・怒りの健康な表現のしかたや、問題解決のスキルを育てる。

役割にもとづく行動はほとんどクセのようになっていて、それをたきつける信念によって自動的にスイッチが入ってしまうはずです。だから、自分が演じてきた役割に気づいて見直していく作業は、一朝一夕にできるものではありません。

インナーアダルトの5つの力を思い出してください。ごく小さなことでも、新しい信念にもとづいて行動できた自分を認め、コントロールを手放す怖れや変化にともなう感情を受けとめ、自分のニーズに気づくことです。そして新たな境界を育てていってください。

それは、私たちがもっと健康な方法で周囲の人とつながっていくための準備になります。

6章 新しい関係をつくる

家族との関係をどうする？ 新しい親密な関係を育てていくには？

インナーアダルトを育てていくことで、あなたは子ども時代のルールや役割を手放し、別の選択肢を手にすることができます。人間関係はかつて経験したことのない自由なものになるでしょう。そのためにこの章では、行き詰まっていた過去の関係を整理し、現在の人間関係を見直して、親密な関係を育てる方法を学んでいきます。

人との関係は、友人であれ、家族であれ、同僚であれ、片方が寄りかかったり、あるいは頑固に自力でがんばろうとするものではありません。それに、これからは「一人が得をすればもう一人が損をする」というしくみで人生を考える必要もありません。健康な関係とは、相互に支え合い分かち合うものです。

親やきょうだいとの関係

自分が回復を始めると、そのプロセスを親やきょうだいと分かち合おうと熱心になることがよくあります。けれどたいていの場合、家族はそのような話を聞くと内心で動揺したり否認したりして、無表情になるか、断固として反論するものです。「いったい何の話をしているの？」「誰の親の話をしてるんだか知らないけど、少なくとも僕の親じゃないね！」「なんであんたがアルコール依存症の家族で育ったことになるの？　きょうだいの私がそうじゃないのに」。

大切な相手が、あなたにとっての真実をあからさまに無視したり、大げさだと言ったり、否定したりしたら、ショックでしょう。自分ときょうだいとで体験してきたことがこんなに違うのかと、驚くかもしれません。知っておく必要があるのは、私たちが癒しのプロセスにいるとしても、他の家族が同じ道のりを選んでいるとは限らないということです。

関係性と相手への期待

健康な関係を作りたいと思っている人にとって、カギになるのは期待のレベルということです。家族が回復を始めていないとしたら、あなたほど正直でも率直でもないでしょうし、あなたに思いやりを示してはくれないでしょう。人間関係には、限界というものがあります。この限界に気づくことで、私たちは期待を現実的なレベルに下げることができるし、他の人の態度や行動にがっかりすることも少なくなります。

あなたの期待に応えることができず、そうしたいとも思っていない相手に向かって一生けんめいになっても、がっかりする結果になるのは当然です。相手には無理なことやその気がないことを期待するのをやめれば、あなたの人間関係はもっと健康なものになります。話す必要のあることは、わかってくれる別の人に話せばいいのです。

あなた自身の成長は、他人を変えるためではありません。あなたにとって大切な人が、今とは別の生き方を探し求めたり、別の生き方を選ぶとは限らないのです。確かに、自分が変わることによってまわりの人にも変化を引き起こす可能性はあります。あなたは彼らに希望を与える見本となるかもしれません。ただしあくまで基本となるのは、回復があなた自身のもので、あなたは自分のために変わるのだということです。その他に起こる変化があるとしたら、それはすべて予想外の贈り物なのです。

制限つきでつながりを保つ

私たちはふつう、家族とつながっていたいと思うものです。けれどどうしたら、ありのままの自分や自分が信じていることを曲げずに、家族という葛藤の舞台に再び入っていけるでしょう？　最初は自信がないでしょうし、試行錯誤の中でやり方を身につけていくことになるでしょう。状況は人によって違うし、どんな課題が立ちはだかって居心地悪いことになっているのか、それぞれ自分で見分ける必要があります。

回復によって家族と遠く離れてしまったようで、寂しくて悲しいという声もよく聞きます。家族とのつきあいは表面的なものになるかもしれません――淡々と一緒に暮らすだけだったり、たまの旅行や里帰りを一緒にしたり、重要な儀式の場にだけ参加するといったような。こうした場に出ることは、あなたが大切な人との関係を維持する方法のひとつです。表面的なものだとしても、つながっていることには違いないのです。あなたはたぶん、関係を完全に切ってしまうよりは、この程度の関係でも保つことを選ぶ（忘れないでください、選ぶのはあなたです）のではないでしょうか。

なぜ家族と関わろうとするのかを考えてみるとよいでしょう。

忠誠心、義務感、楽しいから、愛しているから？　あるいは、今でも家族に自分を認めてほしい、評価してほしいと必死に願っているからでしょうか？　何歳であろうと、人はみな、親に自分の価値を認めてほしいのです。子ども時代に親からの確認を得られなかったとしたら、その思いはよけいに強くなるはずです。たとえ自分では打ち消していても。けれど残念なことに、病んでいる親や不健康な親が、子どもに確認や評価を与えることはまずありません。子ども時代と同じように、今でもたぶんそれは無理なのです。むしろよくあるのは、いまや親のほうが私たちの評価を必死に求めているということです。

それでも、今も家族を愛しているという人は多いし、家族の中の誰かと楽しく過ごす時間を持つことができる人もいます。

アニーは、家族の中で一人だけ回復を始めています。アニーと母親とは、時々週末を一緒に過ごしています。小旅行に出かけることもあるし、お互いの家を訪問して近所の噂話やテレビ番組の話をしたりします。彼女はアルコール依存症の父親が亡くなるまでの数年間、父親と近所の森を散歩するのを楽しみにしていたものです。父親が酔っぱらっていない時間を慎重に選び、会話にも気をつけていました。そうやって父親とのきずなを感じられる話題を見つけたのです。木の葉、森の動物たち、そして樹木の話です。

アニーが二人の姉妹を訪ねるのは、親と会うほど頻繁ではありません。お互いの違いが目に見えているからです。何か話せば衝突しそうなため、話題は日常の必要事項だけに限っています。アニーとしては、もっと親密で心から分かち合える関係を望んでいるのですが、家族に大きな変化が起こらない限り、それは実現しそうにありません。

アニーの場合は、得られないものを喪失として認め、その悲しみを味わいつつ、現実を受け入れ、どう行動するか自分で選んでいるのです。日常生活の中で、もっと親密な関係を他の人たちとつくっているし、その多くはやがて健康なきずなへと発展していくでしょう。

回復を続ける人たちが、仲間を「自分で選んだ家族」と呼ぶことがよくあります。母親や父親に対するニーズは、年上の友人や相談相手によって満たすことができます。きょうだいのような関係は、同世代の仲間たちとつくることができます。自分の子どもに近い年齢の人と友情を育んでいるおとなも実際にいて、その人たちは子どもに与えることができなかったものを若い友人に与えているのです。こうした関係でかつての親子としての体験が帳消しになるわけではありませんが、親子の関係における喪失を認めさえすれば、そこから癒され、誰かと親密な関係を育てていくチャンスはあるということです。

同じ家に暮らして、困難な中を共に乗り越えてきたにもかかわらず、家族との間に感情的なつながりが感じられないということはあり得ます。お互いにきずなを感じないのなら近づこうとはしないでしょうが、片方だけがつながりたいと願っている場合、その人は相手から拒絶されたと感じ、混乱するでしょう。逆に、相手のほうは負担に思い、もっとあっさりした関係でいたいのにと思うでしょう。もしあなたがその立場なら、自分の責任において、相手に対していねいに、これ以上の関係になるつもりがないと知らせることです。こうした行き違いも喪失となりますが、あなたは悲しみをきちんと表現し乗り越えることができるはずです。

家族との関係で回復を妨げられないために

回復を始めていない人との関係を保ちつつ自分を大切にするには、限界と境界をつくり直すことが欠かせません。家族がいまだに、否認、思い違い、凍った感情、アディクション、強迫行動の真っ只中にいる場合、どのぐらいの時間を一緒に過ごすと、自分の領域が侵されたと感じるでしょう――別の言い方をするなら、あなたが境界を保てなくなるまで、どれぐらい時間の猶予があるでしょう？　二〇分、あるいは二時間、長くても三日といったところでしょうか。

過去のパターンをよくよく振り返って計画を立てることです。一五分話していると雰囲気がまずくなるようなら、訪問は一〇分で切り上げればいいのです。電話でも同じことです。最初の数分は大丈夫でも、それを過ぎるとかつてのパターンが幅をきかせ始めるものなのです。泊りがけで訪ねるなら、一緒に過ごす時間を限ることが必要でしょう。一週間の滞在より三日にするほうがいいだろうし、一日中一緒に過ごすより三時間のほうがいいでしょう。ここでも問題は、「自分はどれぐらいの時間で昔のパターンに戻ってしまうのか?」です。これを手がかりに限界を決めることができます。「すべてか無か」で決める必要はないこと、家族の要求にすべて応じるか二度と会わないかのどちらかに決めなくていいのだということを忘れないでください。この両極端の間に、無数の選択肢があるのです。

会話にも境界を設ける必要があるでしょう。古いパターンを引き出すだけの話題はタブーにすればいいのです。たとえば「一番上の姉のことを母と話すのはやめる。前向きなことは何も出てこないから」というふうに。タブーの話題をつくるのは「**話すな**」というルールとは違います。率直で正直な会話が可能なら、あなたは喜んでそのことを話し合うでしょうから。

あなたが自分が進んでやりたいことは何か、やりたくないことは何か、次の質問を手がかりに決める作業をしましょう。

・あなたがぜひ話したいと思うこと、話したくないことは何ですか？　こういう会話なら喜んでするけれど、こっちの話には加わりたくないということはありますか？　それをあらかじめ家族に伝えておく必要がありますか？
・電話をしたり出かけていくのに、より都合のよい時間帯はありますか？　たとえば、あなたの母親がお昼にはもう酒を飲んでいるのだとしたら、訪ねるのは午前中にしましょう（ついでながら、なぜ午後には行かないのかを母親に教えてあげることです）。

もうひとつ役に立つのは、家族と時間を過ごす前に、自分を支える計画を立てておくことです。たとえばあなたが三日間、親の家に滞在するとします。助けとなるのは、一人で毎日散歩に出ることとかもしれないし、自助グループのミーティングや仲間に電話すること、自分のためのヘルシーな食事や運動を続けること、あるいは瞑想の本を読むことかもしれません。

残念ながら、家族とのつきあいは苦痛でしかない人もいます。そのため、いかなる関係も持たずに遠ざかることを選ぶ場合もあります。もしも家族からまったく離れるとしても、その家族システムからあなたが引き継いだ筋書きには、自分で責任を負うことが必要です。自分で悲しみや痛みを表現して傷を癒さない限り、あなたは古い感情や、不健康な信念の中に取り残されてしまうからです。

きょうだいとのつながり

同じ家族で育ったきょうだいでも、体験は非常に異なるものです。トニーが幼い頃、彼女の家族は一緒に休暇を過ごし、週末には遊園地に行ったし、毎日の夕食の席では父親がふざけてみんなを笑わせたものでした。けれど彼女の妹、ダナが七歳になった頃にはすでに、両親は離婚していました。休暇旅行や週末のお出かけは母子家庭にとってお金がかかりすぎ、夕食も姉妹二人だけで母親はまだ仕事から戻らない、ということが多かったのです。早く生まれたからというだけで、トニーは妹が得られなかった安定した幼年期を体験していました。

子どもの性格を左右する要素は、たくさんあります。生まれつき性格が違っているだけでなく、きょうだいはそれぞれ家族にとって違った時期に登場してくるのです。際立った違いのひとつは、多くの家族を苦しめる依存症の進行段階によるものです。

たとえば親の一人が社交のための飲酒から、問題飲酒、そして依存症へと進んでいく場合、比較的早い段階に生まれた子どもは、まだ健康な子育てを体験するチャンスがあります。生活に一貫性が残っていれば安全を感じられるし、親からの愛情表現が得られれば人を信頼する力を育てることができます。けれどあとから生まれた子どもは、こうした体験をしそこなうことが多いのです。その子たちにとって、家族の生活は破壊的で混沌としたものになります。生まれた順番によって、子どもはそれぞれ別の視点で周囲を見るようになり、生きのびるための違ったやり方を身につけるのです。

きょうだいというのは、お互いの自己否定感の証人のようなものです。互いの存在が、子ども時代の傷つき、失望、怖れ、怒りを映しだす鏡となっているのです。関係が表面的になるのも不思議はありません――そうすれば痛みを思い出さずにすむからです。

人は家族と親密な関係でいたいと願うものですが、私たちの多くにとって、それはあくまで現実でなく夢に過ぎません。中には、子ども時代にきょうだいとの十分なつながりができていて、自分が癒されることできょうだいとの親密さが育っていく場合もあります。一方、情緒的な孤立の中で育ったために、きょうだいとの間に関係を育てるだけの土台がなかったり溝が大きすぎる場合もあります。

私たちの側にきょうだいと誠実な関係をつくる準備ができていたとしても、相手はまだその段階にいないことがしばしばです。あなたはきょうだいに、過去の体験や回復についての情報を与えることができます。機会があれば、過去がきょうだいの人生にどう影響し、どんな行動を引き起こしているか説明することもできるでしょう。ただし相手が耳を傾けるかどうか、話を聞き入れて行動を起こすかどうかは、あなたがコントロールできることではありません。

自分の回復から焦点をそらさないことです。多くの人にとって他人に気を取られるということは、自分への注意が散漫になって焦点が当てられなくなるということなのです。

家族にあなたの痛みを話したいなら

回復途上の人というのは、なんでもかんでも話したくなるもので、まったく知らない人にさえ自分の生い立ちや感情について語ったりします。家族と話すときも自助グループや治療グループで体験するような熱心さで語り、相手も心を開いて自分を語ってくれることを期待しがちなのです。

私の提案は、家族といきなり話をするのではなく、まずは回復プロセスを共にしている人とそれを分かち合いなさいということです。

ベスはセラピーを受け始めて半年ですが、依存症の父親と会うことになりました。そこでセラピストに「父と会ったら自分のことを話したいんです」と言いました。それはどういう意味かと聞かれて、彼女はこう叫びました。「私がどれだけ怒っているか父に言ってやるんです！」。ベスが父と会うのは七年ぶりです。おとなになってからというもの、親子の関係はよく言っても儀礼的という程度でした。最近では、ベスから父親への連絡といえばクリスマスカードを送るだけ。セラピーを受けて半年で、深く強烈な怒りを父親に伝えることがよい結果を生むとはとても思えません。ベスは三十三年かかって初めて、自分の怒りに気づいたところです。やっとその感情について語り始めたのです。彼女は、自分自身と自分の怒りについてもっとよく知る必要があります。自分の怒りのどの部分をどのぐらいまで父親と分かち合いたいのか、限界を見きわめる必要があります。

私たちは、急ぐ必要がないのに焦ってしまう場合が多いのです。二十二歳のウォーレンは七週間のセラピーを受けたところでこう言い出しました。「家に帰って、僕たちの家族についてわかったことや僕の気持ちを母に話さないと」。私はウォーレンが三ヵ月後のクリスマスには母親に会う予定でいるのを知っていたので、それを待たずに飛んで帰るほど急ぐ理由があるのかと尋ねました。ウォーレンは「だって、母はクリスマスまでに死んでしまうかもしれない」と答えました。私は、彼の母親は病気で死の床についているか、非常に歳をとっているかのどちらかなのだろうと思い確認してみると、彼は答えたのです。「いや。母は別に病気じゃないし、四十六歳ですが、もしクリスマスまでに何か起きたらどうするんです?」。ウォーレンは、母との間で大切なことをやり残してしまう不安に反応していたのです。現実的に言って、母親がすぐに死んでしまうという危険はまずありません。ウォーレンは回復を始めたばかりなのだから、母親との親密な分かち合いの前に、もっとセラピーを受けたほうが自分のためになるのです。

次の質問は、あなたが自分の感情や気づきをどの程度家族と分かち合いたいか、気持ちを探るヒントです。親に話したいこと、きょうだいに話したいことは、それぞれ別々に考えてください。その内容は、相手によってかなり違っているはずです。

質問1　あなたが言いたいことは何ですか？

自分が何を言いたいのか考えること、そして、すべてのことを話す必要はないのだと理解しておくことから始めましょう。あなたはその人に、子ども時代の痛みから癒されるプロセスにいることを知らせたいのですか？　子ども時代のどんな痛みを、あなたは分かち合いたいのですか？　セラピーで話し合った内容を、どの程度までその人と分かち合いたいのですか？　完ぺきを望んでしまうことも起こりがちです――「私はすべてを話す必要がある！」と。そうではなく、「どの部分を？」「どの程度まで？」と自分に聞いてみましょう。

質問2　なぜ、その人に言いたいのですか？

あなたが話したいと思う動機を調べてみましょう。分かち合いのためには、あなたの側がとことん正直であることが必要です。もしそれを言ったら、あなたは楽になるでしょうか？　相手に直接話すことで、あなたにとっての問題が明確になりますか？　相手を傷つけるために言いたいのですか？　今自分が取り組んでいることをほめてほしいから話そうとしているのですか？　もし確信がないのなら、はっきりするまで待つことです。

質問3　何が起こることを望んで／期待していますか？

この質問に対して「何も期待していません」という答えが返ってくるのを、私は何度も耳にしてきました。何かの期待がなければ話す必要は生じないのですから、隠された答えがあるはずなのです。どんな答えがあり得るか具体的に言葉にしてみることで、期待はより現実的になります。たとえば「私が話している間、母が席を立たないことを期待している」「父が耳を傾けてくれることを期待している」というように。人は時に、期待が裏切られるまで、自分が望んだり期待していることがあることに気づかないものなのです。多くの人は「あなたを愛している」あるいは「ごめんなさい」という家族の言葉を望んでいます。こうした反応が返ってくることは可能性として考えられますが、必ずしも現実的ではありません。

質問4　その望み／期待は現実的ですか？

期待や望みは控えめにしておくことです。回復を始めていない家族は、罪悪感や、傷つきや、怒りの中にとどまっている可能性が高いのです。彼らはおそらく、かつてと同じようにあなたの言葉を無視し、責め、泣き叫ぶか、あるいは形だけ話を聞いたふりをするでしょう。分かち合うべきではないと言っているのではないのです。準備が必要だということです。

多くの人が、回復している家族とも、そうでない家族とも体験を分かち合ったことで安堵を感じ、自分を確認できたと感じています。長いこと求めていた「愛している」「ごめんなさい」の言葉を聞くことができた人もいます。あらかじめ状況を考え、何を言いたいのかをはっきりさせ、タイミングを考慮し、期待が現実的であることを確かめて、準備をすればするほど結果はよりよいものになるはずです。

体験を家族と分かち合うことを考えているなら、前にあげた四つの質問の答えを書いてみましょう。頭で考えているより、書いてみるほうが正直になれることが多いのです。

直面化して痛みの原因を終わらせる

分かち合いと、問題の直面化とは、同じ延長線上にあります。誰かに対して問題をはっきり指摘する「直面化」とは、その人の行動には害があるのだということを分かち合おうとする意味もあるからです。直面化のメリットを次にあげます。

❶直面化することによって、あなたを苦しめ悩ませている人間関係の問題が解決したり、あるいは関係を終わらせたり、関係の一部を終わらせることができます。問題をはっきりさせない限り、その関係はあなたを悩ませ続けるでしょう。言い出そうかどうしようかと長いこと迷っていると、相手との想像上のやりとりを頭の中で繰り返すことになり、相手がどう反応するかにとらわれていきます。とらわれは何も解決しません。

❷直面化は、誤解を正したり、あなたにとって何が必要かを伝えるチャンスとなります。あなたを傷つけてきた相手に対して正面から向き合うことは、彼らに問題解決のチャンスを与えるだけでなく、あなたにとっても重要な問題を解決するチャンスとなります。

❸もしあなたが自分を傷つけた人に対してきちんと向き合わなければ、代わりに別の人に対して不適切な形で立ち向かってしまう可能性があります。

❹自分を傷つけた相手にきちんと向き合うことは、あなたの力を取り戻すことであり、これからは誰もあなたを怖がらせたりコントロールしたりすることは許さないと自分に証明することでもあります。

❺あなたを傷つけ痛みを引き起こした相手への直面化によって、犠牲者でいるのをやめることを自分に確認できます。

❻直面化は、相手の否認を打ち破る方法のひとつです。

直面化の利点と難点

問題にきちんと向き合うことは非常に大切ですが、実際に相手を前にして話すかどうかはまた別のことです。この選択をめぐって、人は非常に葛藤します。次にあげるのは直接相手に向き合う方法と、象徴的な形で向き合う方法、それぞれの利点と難点です。これはあなたが決断するための助けとなるでしょう。

面と向かっての直面化には、次の利点があります。

❶ 自分が言ったことに相手がどう反応するか、見ることができます。反応を見ることで、相手があなたの話や、起こった事実や、あなたという人間についてどう感じているのかを知る助けになります。

❷ 面と向かえば、相手はあなたの言っていることを無視しにくくなります。

❸ 十分な時間をかけて話すチャンスになります。

難点は次のようなことです。

❶ 相手は、かつてあなたを傷つけた方法に訴える可能性があります。たとえば、罵倒する、身体的暴力をふるう、激しく非難する、嘲笑する、延々と文句を言ったり嘆く、などです。そのことであなたは混乱し、怖くなるかもしれません。

❷ あなたは相手の反応を知りたくないかもしれません。相手がどう答えるかはともかく、言葉にすれば気がすむという場合もあります。

❸ 相手の反応のために混乱し、心にもないことを口にする結果になるかもしれません。

❹ 相手は自分を守るための言い訳を考えるのに忙しくて、あなたが言おうとすることに耳を貸さないという結果に終わるかもしれません。

面と向かっての直面化をやめる選択をしても、あなたが臆病なわけではありません。もっと危険が少なく、かつ相手に直接伝えられる方法は、電話したり手紙を書くことです。この方法をとれば、先にあげた利点はほぼ得ることができ、かつリスクはあまりありません。

間接的・象徴的な直面化は、ゲシュタルト・セラピーやロールプレイ、サイコドラマ、投函しない手紙（本人に送ったり、手渡したり、本人の前で読みあげたりしない）などの治療テクニックを使うものです。こうした方法の利点は次のことです。

❶ 相手の反応を怖れることなく、言う必要があることを自由に言葉にできます。

❷ 相手と安全な距離を保ったままで、関係を終わらせることができます。

一方、次のような難点があります。

❶ あなたは、相手に直接向き合うチャンスを逃したように感じるかもしれません。

❷ 自分の気持ちを相手にぶつけていたらどんな感じがしただろうかと、思いめぐらすことになるかもしれません。今は直接言わないことを選んでも、別の機会に言う可能性を閉ざしたわけではないため、迷いが残る可能性があります。

直接的な方法を選べば、問題は早めに解決します。その場合、場所や状況設定、あなたが何を言うかを、きちんと計画することです。前もって話したい内容を練習しましょう。一番重要なことは何かを考えて、それを最初に言うようにすることです。

繰り返しますが、相手からの反応について現実的になってください。誰かが過去にあなたを虐待したのなら、その人が突然あなたのニーズを繊細に感じとってくれることはまずないでしょう。他の家族も、あなたがそんなことを言い出すなんて間違っていると責めるかもしれません。懲らしめのために、あなたやあなたの子どもを無視するかもしれません。

相手の反応ではなく、自分は何を言う必要があるのかに焦点を当てることが大切です。あなた自身や、あなたの動機、あなたのニーズをはっきりつかんでいてください。計画した筋書き通りに事が運ばなくても、がっかりしないでください。あなたが自分のニーズ、自分の感情とともにいるなら、それで大丈夫なのです。

親がすでに亡くなっていたら……

自分の思いや感情を分かち合うべき大切な人がすでに亡くなっているために、回復の重要な部分を逃したように感じている人がいるかもしれません。親が亡くなっている人は少なくないでしょうし、他の家族や、パートナーや、あるいは友人を亡くしている場合もあります。そんなときでも、象徴的な方法による相手との分かち合いは可能です。

大切な人を亡くしていて、その人との関係であなたが何か傷ついていたとすると、喪失の悲しみはとても大きなものになります。それは過去の悲しみであり、かつ決して手に入らない未来の悲しみでもあるのです。

リタの父親が亡くなったとき、彼女は深い悲しみと怒りをともなった、ほとんど身体的な痛みを感じ、その喪失感の大きさに戸惑いました。リタは今まで父親に親近感を持ったことはありませんでした。娘を寄せつけない冷淡な態度を、リタはしかたないものとあきらめていたつもりでした。けれど父親の死によって、彼女は今まで父から得られなかったものではなく、これから決して得られないもののことを、心から思い知らされたのです。彼女はもう決して父親と一緒になごやかな時間を過ごすことはありません。決して父親から認めてもらうこともありません。今になって父親から聞きたくてたまらなかったのだと気づいた「愛しているよ」という言葉を、決して聞くことはないのです。

すでに父親との関係における喪失に目を向け、何度ものグリーフワークを繰り返してきたにもかかわらず、その死によって初めて姿を見せた深い嘆きは、彼女をさらに掘り下げたグリーフの作業へと導きました。リタと同様に多くの人にとって、しばしば相手を決定的に失うことが、もっとも深い悲しみと受け入れの段階へと背中を押すものになります。

この世を去った人に対して言葉を伝える手助けとなるのは、多くの場合、プロのセラピストの治療技法です。サイコドラマなどの技法によって亡くなった人と対話をするのは、とても治療的な効果があります。亡くなった人の墓に出かけて語りかける人もいます。その人の写真をイスに置いて向き合い、話すこともできます。「私はあなたに怒っていることがあります。それは……」と怒りを伝えるのが必要な人もいるし、「私はあなたが……したことを許します」「私が……だということをあなたにわかってほしい」と語りかける人もいます。

何より言っておかなければならないのは、回復はあなた自身のためのものだということです――親が生きているかどうかに関わりなく。大切なのはあなた自身、そしてあなたと人生との関係です――その中には、肉親の死を受け入れるということも含まれるのです。

自分を許す、他人を許す

自己否定感が根っこにある家庭に育った私たちは、もしも自分がどこか不完全だとしたら、それは人より劣っていて価値がないということなのだと考えていました。完全さこそが人に受け入れられ愛される唯一の道だと信じ、完全を追い求めてきました。そして、愛されずに傷ついた過去を埋め合わせたいと思うあまり、おとなになってから無条件の愛を得ようとあがくことに時間を費やしてきたのです。けれど実は、私たちが過去の痛みを手放せるようになるのは、過去が変えられないことを心から認めたときなのです。そのためには、人間としての限界を持った自分を許し、他人を許すことが必要です。

自分を許すこと

私たちは不完全な存在で、人を傷つけるような間違いもおかします。人に言えない怖れを抱いていたり、大それているとしか思えない秘密の望みも持っているかもしれません。こんなに弱くて不完全な自分を、どうやって受け入れ、許すことができるのでしょう？

まず、「自分のこととして責任を負い結果を引き受ける」ことと、「自分を許す」こととは別だというのをはっきりさせておきましょう。私たちが誰かを傷つけたとき、それを他でもない自分のしたこととして引き受け、結果に責任を負うことが必要だし、できることなら埋め合わせをすることも必要です。けれどその上で、間違いをおかした自分を許し、いかにも人間くさい誤りにはまってしまった自分を許すことが必要なのです。起きたことについて後悔しながらも、自分を許すことはできます。許しとは、自己否定感にとらわれなくなること。自己否定感は自分のおかした間違いそのものよりも、さらに破壊的な結果をもたらすのです。

自分はいけない人間だから罰せられるべきなのだと、なぜだか信じこんでいる人も大勢います。こう問いかけてみてください。「自分はダメな人間だとか悪い人間だと信じ続けることで、私は何を得ただろうか?」。そして次のような言葉を、繰り返し自分にかけてください。

生きのびるためにやってきたことについて、私は自分を許す。

何度も間違いをおかしてしまうことについて、私は自分を許す。

人間としての限界を受け入れることは、私たちに内面の平和をもたらします。それは自分自身の中での戦いを終わらせることによる安堵感です。

あなたはどんな分野について、自分を許すことが必要ですか?

他人を許すこと

自分の限界を受け入れることで、私たちは他人の不完全さを受け入れることも学びます。ただし虐待によってひどい恥辱と痛みを体験してきた人にとって、自分を虐待した相手を許すことは非常に苦しい作業です。その苦しさの理由のひとつは、許しというものに「べき」をつけて考えてしまうこと。自分は許せるようになる「べき」なのにと思いこんで、許せる自分ならばよくて、許せない自分は間違っているのだということになってしまうのです。

そして他のメッセージも聞こえてきます。ひとつは、許せないほどの怒りを感じている自分は悪くて間違っているというものです。もうひとつは、自分を優先するから許せないわけで、それは自分勝手だというメッセージです。

許しとは、いいとか悪いとかではないし、正しいとか間違っているという問題でもありません。大切なのは、自分に正直になることなのです。

〈許しとは、どういうことではないか〉

許すことは、忘れることではない

起こったことは忘れられないし、忘れるべきでもありません。痛みをともなう体験は、二度と犠牲にならないことや他人を犠牲にしないことを教えてくれる大切な意味を持ちます。

許すことは、大目に見ることではない

自分を傷つけた人を許すのは、その行動を受け入れるとか、大したことではなかったと相手に言うことではありません。苦痛を受けたというのは重大な出来事です。

許すことは、相手を免責することではない

許すことは、相手を無罪放免することではありません。相手の行動を「なかったことにする」わけではないのです。相手は依然として、自分が及ぼした害について責任があります。

許すことは、自己犠牲ではない

許すことで、自分の感情をがまんし飲みこむわけではありません。感情を抑えつけるのと、感情に縛られなくなるのとでは、大きな違いがあります。

許すことは、そのことについて二度と怒りを感じないということではない

そのことで、私たちは傷つきました。それは間違っていたし不当な扱いでした。だから私たちは怒る理由と権利があります。けれどもう、自分の人生を怒りに妨げられたくないのです。

許すことは、一時の決心でできることではない

過去を手放して先に進みたいとどれほど真剣に願ったとしても、魔法の杖を振って一瞬のうちに過去を消して愉快に暮らすわけにはいきません。許しが訪れるためには、グリーフワークのプロセスが必要なのです。

〈許しとは、どういうことか〉

許すとは、自分にはもう恨みも敵意も、自己れんびんも必要ないと気づくこと

こうした否定的な感情を、自分が望むような生き方ができない言い訳として使う必要は、もうなくなります。自分を傷つけた人を痛めつけるため、あるいは他人に再び傷つけられないよう距離をとるための武器として、こうした感情を必要とすることもなくなります。

許すとは、自分を傷つけた人を罰したいとは思わなくなること

自分が本当は「おあいこにする」ことを望んではいないのだと気づき、罰しようとする努力をやめることで、心の中に平和がやってきます。

許すとは、過去に起こったことで自分という人間を決めるのをやめること

自分には過去だけでなくもっと他のものがあることに気づきます。過去は、今の私たちを形づくるものの一部として、本来の場所におかれます。

許すことは、自然に訪れる結果

それは過去のつらい体験に向き合い、傷を癒すことで自然に訪れるものです。相手に対して「許した」と宣言するかどうかに関わりなく、自分の心の中で起こることです。それは自然に生まれてくるプロセスであって、義務ではありません。

許すことは、忘れないけれど手放すこと

ほとんどの人にとって、許しは長い年月の間に少しずつ形になるものです。涙を流すたび、怒りの叫びを解き放つたびに、心の中に許しが訪れるための場所が生まれるのです。

あなたが許したいと思う人はいますか？　その人がどんなふうにあなたを傷つけ、それがあなたにどんな影響を与えたかを書いてください。あなたにとって許しはどんな意味を持ちますか?

人間関係のレベル

あなたは、誰を自分の人生に招き入れ、どのようにつきあうかの選択肢を手にしています。理解しておくべきなのは、人間関係にはさまざまなレベルと目的があるということです。

単に具体的なサービスを提供するため私たちの生活に関わる人もいるし、私たちもそのような形でのみ他人の生活に関わることもあります。たとえばバスの運転手の役割は、安全に目的地まで連れて行ってくれることです。美容師の役割は、満足のいく髪型に仕上げてくれることです。また仕事の同僚とは、共通の目的に向けて協力できさえすればよいのです。こうした関係は、私たちが友人やパートナーとの間に育てる親密さとは別のレベルのものです。

運転手や美容師や職場の人に思いやりをもつ必要はないというわけではありませんが、周囲の誰とでも親密になろうとする人というのは相手を困惑させるものです。非現実的な期待によって相手を尻ごみさせることが多くなり、相手が自分に応えてくれないことで気落ちし、結局は誰ともあまり親密な関係をつくれなくなってしまいます。そして、自分にとって大切な相手と十分な時間を過ごさずに、表面的な関係の人と過ごしている時間ばかりが多いという結果になったりするのです。

おとなどうしの人間関係は、目的によって次のようにレベル分けすることができます。

日常レベル

礼儀をふまえてつきあい、顔を合わせればあいさつする程度の関係。あるいは、具体的なサービスを受けたり、またはサービスを提供するだけの関係。

協同レベル

職場の人や社会的な活動の仲間など、共通の目的にたずさわる関係。ここでは人よりも目的を果たすことが優先であり、人は取り替えがきく。

友情レベル

支えあい、お互いに楽しむという目的でつながっている関係。人が重要であって、何をするかは二の次。

恋愛レベル

快感への欲求・情熱を分かち合い、性的な存在としての自分を分かち合う恋人どうしの関係。それは単なる情熱や性を超えた関係で、友情を含むもの。

情熱と性的感情だけなら、日常レベルの関係でも体験することがある。

長期的なきずなを保つことに合意したカップルの関係。どのような問題が起きようと、お互いの信頼・誠実・決意をもとに取り組むことを約束するもの。

長期的なきずなレベル

現実が常にその通りいくとは限りませんが、段階をふみながら進展していくのがより健康な関係です。関係が進んで恋愛やきずなの段階へ入っても、そのカップルの毎日にはかつてのレベルの関係がすべて含まれています。日々の雑事という点から言えば、日常的レベルで礼儀を保ったり、ギブ&テイクで相手の便宜をはかることも含まれるのです。こうしたレベルで接するときがあるからといって、相手から見捨てられているわけではないと理解することが大切です。きずなで結ばれた関係というのは、さまざまなレベルを行き来できるものなのです。

見知らぬ人や、たまたま同じ場に居合わせた人との間で、親密さが自然と高まることもあります。一緒に災害に巻きこまれたり、美しい光景を共に目にしたときなどです。こうした瞬間はたちまち過ぎ去っていきますが、一生記憶に残るかもしれません。それでも、私たちがもっとも長続きする親密さを育てていくのは、親友や、パートナーや、家族との間でなのです。

健康な関係の特徴

私たちは長いこと、ふつうの人間関係や適切な人間関係とはどういうものだろうと、あれこれ考え推測しながら生きてきました。そして多くの場合、自分だけで必死に考えて動いています。次にあげる健康な人間関係の特徴を読みながら、さまざまな人との関係を振り返ってみてください――両親、子ども、パートナー、友人などとの関係です。状況や相手によって関係のレベルは変わってきますが、ここにあげた特徴はすべての健康な関係にあてはまるものです。

尊重

私があなたを尊重するとは、あなたがあなたであることを受け入れ、あなたが自分で決めて行動することを受け入れ、他の誰とも違うあなたのユニークさを受け入れるということです。

誠実

誠実で率直なコミュニケーションとは、自分をそのまま表現することが許されるということです。自分が完ぺきでなくても、相手と意見が違っても、拒絶を怖れずに自分の気持ちを言うことができるということです。そのためには自分に対しても正直であることが必要です。また相手を攻撃したり責めたりせずに感情を伝える方法を学ぶことも必要でしょう。

現実的な期待

自分が相手に対して何ができるか、相手が自分に何をしてくれるかについて、現実的になることが必要です。相手にはあなたのニーズに応える責任はないことを知っておきましょう。あなたのニーズの多くは、自分の責任で満たすもの。一方で、友人や家族、パートナーと満たすさまざまなニーズもあります。共に楽しむこと、気持ちを分かち合うことや、性的な分かち合いなどです。それでも相手がいつもあなたのニーズに応えられるとは限りません。

誰かがあなたのニーズをいつでもすべて満たしてくれようとしたら、要注意です。おそらくその人は、拒絶されることを非常に怖れ、自分自身のニーズに責任をとらず、自分というものの感覚を持っていません。

信頼

信頼とは「私はあなたといて心理的にも身体的にも安全だ。あなたが私をどう扱うかについて、怖れたり心配したりしていない」ということです。信頼が存在するためには、相手の行動や態度に一貫性があり、ある程度の予測がつくことが欠かせません。相手から信頼されるためには、言った通りのことを果たし、当てにしても大丈夫だと行動で示すことが必要です。信頼は時間をかけて育てていくものです。

自主性

自主性とは、相手の言うなりではなく自分で判断して行動を選択し、自分がなりたい人間になっていく責任を持つことです。健康な関係では、互いの自主性を分かち合います。二人がすべてのことを同じように考えたり感じたりする必要はありません。個人が消滅して一つになることなしに、自分を分かち合うのです。

時として自主性が、限度を知らない身勝手さに成り代わってしまうことに注意が必要です。「自分以外のことなんてどうなろうと知らない。私には好きなようにする権利がある」。これは境界の侵害です。ほしいものをほしいときに他の人から奪う権利は、誰にもないのです。

力の分かち合い

健康な関係とは、相手をコントロールするのではなく、力を分かち合うものです。二人のうちのどちらも、自分から主導権をとって動く立場にもなれるし、それに何らかの反応を返す立場にもなれます。二人で肩を並べて歩くこともできます。そこにはギブ＆テイクが存在します。正しくあらねばという必要性には縛られません。どちらが主だという考え方が入りこむ余地はありません。あるのは相互関係であり、相互の支え合いです。

親子の間にも、力の分かち合いが必要です。親は小さい子どもに対して権威ある立場として行動することが必要だし、健康な環境を提供し境界を示す責任がありますが、その上でなおかつ、子どもの年齢にふさわしい分野で力を分かち合うことはできるのです。

やさしさ

やさしさが目に見える形で表現されるのは、愛情のこもった動作によってです。これは私たちが豊かでいるために必要な、性的意味合いではない身体の接触をさしています。慈しみをこめて身体に触るのは、「私はここにいるよ。あなたは一人ぼっちじゃない」「あなたを支えよう」「やあ」と言っているのです。

やさしさは、言葉や態度によっても表わされます。その基本となるのは、細かい違いに目くじらを立てたり批判的になったりしないこと。その人をその人として受け入れるということです。

時間

関係が育つには、時間を共にすることが必要です。一五〇組のカップル（四年以上同居している人たち）に毎日どれぐらいの時間を一緒に過ごしていますかと質問したところ、平均二三分だったそうです。人生でもっとも大切であるはずの人との時間が一日に二三分とは！　人はさまざまな理由で心が離れていきますが、その理由のひとつはこんなに単純なことです。他の責任に縛られて、関係の中に「いる」ことに時間をとれなくなってしまうのです。自分にとって価値ある関係は、時間を必要とします。

きずな

時間をかけて健康なきずなを育てていくためには、相手との関係に関心を払うことが必要だし、自分から働きかけていく必要があります。長いこと身構えながら生きてきた人は、関係に問題が起こるとすぐに「最悪のシナリオ」を思い浮かべるものです。パートナーとの間にトラブルが生じると、私たちは自動的に、次はどこへ行けばいいのか、どうやってひとりぼっちで自分を支えればいいのか、「そこらへんに」誰か他にいないだろうかと考え始めるのです。

けれどパートナーの場合に限らず友人でも仕事相手でも、きずなで結ばれた関係には、もしもその関係に問題が生じたら前向きに解決をはかるのだという信頼感が存在します。問題が起きたからといって関係が終わるわけではないということを信じられるのです。

それは、何が起ころうとその関係にとどまり続けなくてはいけないという意味ではありません。人は変わっていくものだし、それにつれて関係も交渉しなおせばよいのです。きずなはさらに強まることもあるし、弱くなることもあります。きずなを結ぶにあたって、私たちは関係がうまくいくよう自分ができることをすると約束しているのであって、虐待されてもかまわないとか、自分を傷つけられても文句を言わないという言質を与えているわけではないのです。

(多くの人が、長期的なきずなで結ばれたパートナーとの関係を切望していますが、もしあなたが今、特定の人とそのような関係を持っていないとしても、自分はどこか間違っているのだと考えないでください。こうした関係を持たないことが、今のあなたにとってもっとも健康なことなのでしょう。特定の人との関係がなくても、あなたは友人や、自分自身との親密さを育てていくという大切な作業ができます)

許し

どんな関係にも、許しの存在する余地が必要です。関係における許しとは、傷つけられることを容認するという意味ではありません。相手のしたことは忘れないけれども手放すということです。その問題は手放すけれど、自分の境界はおかされないという意味なのです。

自分の人間関係をチェックする

ある人間関係において自分がどれだけ健康な立場を保っているかを、今まであげた特徴をもとにチェックすることができます。次ページのシートをもとにやってみた例をあげましょう。

シェリアは母親との関係を探ってみたところ、すべての項目に自分がかなり高い点数をつけたことに驚きました。なぜなら、母親とそれほど親しい感じがしていなかったからです。けれど覚えているでしょうか、これは関係が健康かどうかを見るもので、必ずしも親しさの度合いを表わしてはいないのです。シェリアは母親を尊重し、現実的な期待をもち、親子の関係において互いの自主性を守ることができ、力の分かち合いができています。そしてそこには、きずなと許しが存在するのです。シェリアは言いました。

「母はほとんど感情を出しません。もっとオープンになってくれたらうれしいけれど、それは無理だとわかっているんです。それでも、母がどれだけ粘り強いかを二人で話すのは楽しいわ。これからも母との関係を大事にしていきます」

ナザンは、十七歳の息子との関係を見直してみました。

人間関係を見直すためのチェックシート

1	2	3	4	5	6	7	8	9	10	尊　重
1	2	3	4	5	6	7	8	9	10	誠　実
1	2	3	4	5	6	7	8	9	10	現実的な期待
1	2	3	4	5	6	7	8	9	10	信　頼
1	2	3	4	5	6	7	8	9	10	自主性
1	2	3	4	5	6	7	8	9	10	力の分かち合い
1	2	3	4	5	6	7	8	9	10	やさしさ
1	2	3	4	5	6	7	8	9	10	時　間
1	2	3	4	5	6	7	8	9	10	きずな
1	2	3	4	5	6	7	8	9	10	許　し

尊重、信頼、自主性、やさしさといった項目にかなり低い点数をつけています。互いの誠実さを感じられず、期待は現実的でなく、共に過ごす時間もなければ許しも存在しません。これは苦しい関係です。けれど彼は正直にこの作業をしたことで、大切なことに気づきました。息子がフットボールをやめてしまったことでどれだけがっかりしているか。息子の繊細さや、音楽に夢中になっていることに対してどれだけ腹を立てているか。そして、息子との関係をよりよいものにするために取り組まなければならない一番の課題は、息子の個性と独立を尊重することだと悟ったのです。自分に向き合ったことで、彼は自分が果たせなかったスポーツ選手への夢を息子に押しつけていたことを知り、自分自身のつらさには自分で責任を持つことにしました。彼は自分や息子を許し、息子とのきずなを確かなものにするため、時間をかけて関係を育てたいと思うようになったのです。

ヘレンはなじみの美容師との関係を見ていくことにしました。というのも、何かはっきりしない居心地の悪さを感じていたからです。やってみると、尊重の項目は申し分ありません。けれど、彼女は相手に対して誠実だとは思えませんでした。なぜなら、できあがった髪型が気に入らないときでも、彼女は言えなかったのです。言わなくても美容師が心を読んでわかってくれることを望んでいたのでした。これは現実的な期待ではないとヘレンは気づきました。彼女は自主性や力を行使していませんでした。それが居心地悪さの原因だったのです。

あなたの人間関係について探る時間をとってください。気になる人との関係を振り返り、231ページの図に記入してみましょう。それぞれの項目で、1は最小、10は最大です。当てはまる数字にマルをつけてください。わからないものは無記入でもかまいません。

「親密さ」へ向けて

多くの家族では、親密さがしばしば嘘や事実の歪曲を土台としてつくられています。家族のメンバーは親密になるためのスキルを持っていなかったり、たとえスキルを持っていても、さまざまな問題にはばまれてそれを発揮できずにいます。だからそこで暮らす人たちは、親密さとはどういう意味かについて、大きな混乱を起こしているのです。

あなたにとって親密な関係とはどんなことを意味するか、書き出してみましょう。

子どもの頃、どんな親密さの表現を目にしましたか?

今のあなたの行動に、それはどのように影響し続けていますか?

◆子ども時代のジャクソンにとって、親密さとは、父親がまた車をぶつけたために母親が彼の肩ですすり泣くことでした。
◆カレンにとって、親密さとは、父親が学校の行事に間に合わずに予定より六時間も遅れて帰宅し、けれども彼女の部屋へ来て「愛しているよ」と言ってくれることでした。
◆ルーは、親密さとはセックスのことだと言います。子ども時代の両親から感じたことでした。それは母親が泣いていないし父親が飲んでいない時間だったのです。
◆ビッキーは、親密さとはみんながお互いにいい感じでいることだと考えていました。いい感じとは、議論になったりトゲトゲした様子を見せないことです。
◆オデットは、親密さというのは家をきれいにしておくことだと思っていました。母親がきれいに掃除をしていないと、父親が機嫌を悪くしたからです。
◆ロバートは、親密さとはコントロールを失うことだと言いました。誰かと親密になればその相手に引きずられて自分が保てなくなると感じ、怖れていたのです。
◆ジーンはこう言いました。「親密さって、友人やパートナーと自分を分かち合うことでしょう。自分のことが恥ずかしくてたまらないのに、そんなことがどうしてできるかしら？　自分なんてまだまだダメだと思っているのに？　自分のことを正直に話せないのに？　感情を見せられないのに？　相手を信じられないのに？」

それぞれのイメージがこんなに違うのを見ても、人が親密になるのは簡単ではないことがわかるでしょう。ジーンの疑問は、とても重要なものです。親密さとは、誰かのそばにいて、寄り添いながらも一体化することなく自分を分かち合うこと。自分の中の基本的な課題に取り組んで初めて、あなたが切望している親密さが得られるのです。

つまりそれは、インナーアダルトを育てていくことです。5つの力を日々意識して生きていけば、その成果は人間関係の中に現われるでしょう。あなたが取り組むすべての課題が、人間関係を健康なものにするために直接役立つはずです。

今のあなたは、たくさんの選択肢を手にしています。自分が何に価値をおき、何が好きなのかをはっきりさせるチャンスがあります。誰を自分の人生に招き入れ、誰は入れないかを選択することができます。私たちの不完全さや、過去と現在の痛みや、生きのびるために演じてきた役割がどうあろうと、これからの自分の人生をどう生きるかの選択肢を、今は手にしているのです。

どうぞ一歩ずつ、歩いていってください。自分の中でまだ変えられない部分ではなく、変えられたこと、つまり新しい考え方や、感情や、行動に目を向けて自分を十分認めてください。

もう一度言います。あなたは、自分の人生を選択することができます。あなたにはその価値があるし、その力を持っているのです。

クラウディア・ブラックからあなたへの贈り物

――自分を認めるための言葉

・私は痛みを感じている。だから、癒されるに値する。
・私は過去の怒りや罪悪感を抱えている。だから、癒されるに値する。
・過去の痛みから自分を守るための方法で、私は今の自分をさらに痛めつけてしまっている。だから、癒されるに値する。
・過去の私には何の力もなかった、けれど今の私は無力ではない。
・痛みをどうするかは、私の選択に任されている。
・私は基本的なスキルを学んでこなかった。だから今から学ぶ必要がある。
・回復とは私という人間を変えることではない。本来の私でないものに縛られなくなること。
・回復とは、一か十かではなく二から九までの段階があると学ぶこと。
・私には、新しい方向へと人生を建てなおすだけの価値がある。

・自分を愛することを学ぶのは、その分だけ他人を愛さなくなることではない。むしろ自分を愛することで、他人をさらに愛する自由を手にすることができる。
・秘密から自由になる道を、私は選ぶことができる。
・秘密を分かち合う安全な方法を、私は見つけることができる。
・自分が演じてきた役割について知ることで、私は新しい生き方への指針を得た。
・私には、もう生きのびるための役割は必要ない。
・私の成長は私自身のためであって、他人を変えるためのものではない。
・私を傷つけた人に直接向き合うのをやめる選択をしても、私が臆病なわけではない。
・親密さとは誰かのそばにいること。親密さとは、拒絶される怖れなしに相手の前でありのままの自分を分かち合えること。それができるというお互いの信頼があること。
・過去と現在を受け入れることによって、私の魂は満たされたものになる。
・私は、すべてのコントロール権を握ってはいない。
・私が自分を受け入れるのに、他人の承認は必要としない。
・人が私から去っていっても、それは私の価値についての宣告ではない。
・人生における選択の責任は、私にある。

◆クラウディア・ブラック　Claudia Black Ph.D.,M.S.W.

アメリカのソーシャルワーカー、社会心理学博士。アダルト・チャイルド（ＡＣ）概念の生みの親。家族システムとアディクション（依存症・嗜癖）についての研究の第一人者であり、ファミリー・セラピストとしての評価も高い。

世代連鎖の問題に光をあてた名著『私は親のようにならない』（邦訳は誠信書房刊）はミリオンセラーになって７ヵ国語に訳され、世界各地にACムーブメントを広げた。その続編にあたる本書は、豊富な臨床経験をもとに独自の回復プログラムを提唱したもので、1993年に執筆され、1999年に大幅に改訂されている。

季刊『Be!』での連載「アルコール依存症家庭で育つ子どものためにできること」を経て、本書の翻訳企画がスタート。アスク・ヒューマン・ケアの招きで1998年、2003年に来日。その後もたびたび同誌にメッセージなどを寄せている。

2021年に『あなたの苦しみを誰も知らない―トラウマと依存症からのリカバリーガイド』も金剛出版から発行されている。

◆水澤都加佐＜監訳者＞

ＨＲＩ（ヒーリング＆リカバリーインスティテュート）所長。集団療法、家族療法、グリーフワーク、ＡＣへの援助、さまざまなアディクション問題への介入や援助を専門とする。『あなたのためなら死んでもいいわ：自分を見失う病「共依存」』（春秋社）、『依存症者を治療につなげる』（大月書店）、『自分の「怒り」と向き合う本』（実務教育出版）、『「もえつき」の処方箋』（電子書籍　アスク・ヒューマン・ケア）など。訳書に『高機能アルコール依存症を理解する―お酒で人生を棒に振る有能な人たち』（星和書店）、『親の依存症によって傷ついている子どもたち』（星和書店）、『処方薬依存症の理解と対処法』（星和書店）、『あなたの苦しみを誰も知らない―トラウマと依存症からのリカバリーガイド』（金剛出版）など。

◆武田悠子＜訳者＞

アスク・ヒューマン・ケア出版部、季刊『Be!』副編集長。

通信セミナーのご紹介

本書3章「ステップ3」「ステップ4」に実践的に取り組めます

- ●通信セミナーⅠ　境界と人間関係
- ●通信セミナーⅡ　「わたしメッセージ」と感情
- ●通信セミナーⅢ　セルフケアと人生設計

関連書籍のご紹介

いずれも電子書籍あり

●アダルト・チャイルドが自分と向きあう本
アスク・ヒューマン・ケア研修相談センター編。子ども時代の環境は、今の自分にどう影響している？　過去を理解し、現在の自分を癒すための本。

●アダルト・チャイルドが人生を変えていく本
『アダルト・チャイルドが自分と向きあう本』の後編。新しい生き方のために欠かせない、自他境界やコミュニケーションなど「ライフスキル」を学ぶ。

●赤ずきんとオオカミのトラウマ・ケア　白川美也子 著
虐待などによるトラウマはどんな症状を引き起こす？　被害と加害はなぜ繰り返される？　どうしたら楽になれる？　物語仕立ての「心理教育」の本。

《アスクセレクション》
❶「スキーマ療法」自習ガイド　伊藤絵美 監修
「スキーマ療法」をわかりやすくご紹介。苦しい生き方から抜けるヒントがほしい人、子ども時代に身につけたパターンを見直したい人のために。

❷恥（シェイム）…**生きづらさの根っこにあるもの**　岩壁茂 監修
過酷な子ども時代を過ごした人は、中核的な恥を抱えやすい。この感情は、感じること自体が痛みにつながるため、隠されたまま有害な影響を及ぼす。

くわしくは　www.a-h-c.jp　TEL.03-3249-2551（平日10時〜18時）

アスク・ヒューマン・ケアは、特定非営利活動法人 ASK の事業部として、出版、通信講座の運営、研修などを行なっています。
ホームページ　https://www.a-h-c.jp
ASK のホームページ　https://www.ask.or.jp/
TEL.03-3249-2551（平日 10 時〜 18 時）

子どもを生きれば　おとなになれる
「インナーアダルト」の育て方

2003年7月30日　第1刷発行
2022年4月10日　第9刷発行

著　者　クラウディア・ブラック
監訳者　水澤都加佐　　訳者　武田悠子
発行者　今成知美
発行所　特定非営利活動法人ＡＳＫ
〒103-0014 東京都中央区日本橋蛎殻町1-2-7-1F
電話03-3249-2551
発　売　アスク・ヒューマン・ケア

印刷所　明和印刷
定価はカバーに表示してあります。

© 特定非営利活動法人ＡＳＫ 2003　Printed in Japan
ISBN978-4-901030-08-3